让孩子成为
阅读高手

陈晶晶 著

中国纺织出版社有限公司

图书在版编目（CIP）数据

让孩子成为阅读高手 / 陈晶晶著. -- 北京：中国
纺织出版社有限公司，2023.1
ISBN 978-7-5229-0069-8

Ⅰ.①让… Ⅱ.①陈… Ⅲ.①读书方法–家庭教育
Ⅳ.①G792②G78

中国版本图书馆CIP数据核字（2022）第 210965 号

责任编辑：李凤琴　　责任校对：江思飞　　责任印制：储志伟

中国纺织出版社有限公司出版发行
地址：北京市朝阳区百子湾东里A407号楼　邮政编码：100124
销售电话：010—67004422　传真：010—87155801
http://www.c-textilep.com
中国纺织出版社天猫旗舰店
官方微博 http://weibo.com/2119887771
天津千鹤文化传播有限公司印刷　各地新华书店经销
2023年3月第1版第1次印刷
开本：880×1230　1/32　印张：7
字数：180千字　定价：52.00元

凡购本书，如有缺页、倒页、脱页，由本社图书营销中心调换

推荐序

阅读能力决定一生的成绩

阅读是人类获取、传递知识信息，进而实现社会交往和认识世界的基本方式和手段，也是人类顺利开展学习、工作和各类活动的基本能力。信息时代的到来，加上网络技术的飞速发展，对民众的阅读水平提出了更高的要求。少儿阶段作为兴趣、习惯和能力发展的关键时期，其阅读能力尤其受到重视，早期阅读能力的培养成为从婴幼儿到青少年社会化成长的关键路径。

在党的二十大报告中，党中央基于人才是第一资源的思想，提出深化全民阅读活动的目标，要求通过发展素质教育，健全学校家庭社会育人机制，建设全民终身学习的学习型社会、学习型大国。在这样的战略规划中，阅读的重要性得到充分体现。

与实践活动一样，关于阅读的研究拥有悠久的传统。古今中外的学者从心理学、知识学、信息学、脑神经科学等学科视角考察阅读的现象和规律。广泛的研究既有理论体系的构建，也有实践经验的总结，产生了丰富的研究成果。

本书作者毕业于云南大学，攻读的是图书馆学专业。我作为晶晶的导师，有幸获赠即将付梓的书稿，对本书先睹为快。细细品读之后，明显感到本书有以下特点。

第一，体系完备。全书从宏观上分为三篇。第一篇梳理关于阅读能力培养的基本常识和主要问题；第二篇针对三个从小到大的年龄段，分析读物的价值和阅读的意义；第三篇则聚焦常见的阅读场景和阅读障碍，提供提升阅读能力的解决方案。全书这样的谋篇布局，无疑有利于读者循序渐进地理解阅读的本质、学习阅读的方法、掌握阅读的技巧。微观层面，书中也不时展现出作者对理论构建和观点呈现的系统性考量，如兼顾英语和中文的字形与读音特点，分析影响阅读理解的内外因素，以及覆盖整个生命周期的阅读指导尽力呈现出完备的知识体系。

第二，材料丰富。书中随处可见大量的心理学、脑神经科学实验结果，如美国斯坦福大学的Jelf Zwiers（杰夫·茨维尔斯）绘制的阅读流程图，以此解释优秀阅读者的脑部活动。本书作者不仅引用了大量的实证数据（如近年来的屏幕娱乐时长调查），还借鉴了不少理论模型（如阅读理解过程）；另外，还有鼓励阅读的三类问题的设计，如美国的蓝思值（Lexile）、英国的牛津阅读树（Oxford Reading Tree）和我国的"鎏阅"阅读分级标准等，这样一些权威的、经过学术界认可的、经实践检验的大量"干货"，对本书观点起到了显著支撑作用。

第三，策略务实。面向现实阅读问题，提供有效解决方案，应该是本书的最大目的。一方面，作者善于总结实践经验，进而提炼出有针对性的对策。例如，在归纳好绘本的五个特点后，还给出更具可操作性的两个"办法"；根据自己的经验，设计非常实用的阅读记录模板、练习预测推论模板。另一方面，作者还注意解决方案的可操作性，例如，阅读计划涵盖了阅读主题、时间、地点、速度、书单、记录、奖励等细节，还包含了明确的流程、步骤、策略、方法、活动和游戏。书中很多对策建议不仅注意阅读对象的区分，在阅读材料、场景和障碍等方面的探讨都颇具现实意义。

第四，趣味导向。本书要解决的问题以少年儿童遇到的为主，这个年龄段的心理特质是作者考虑的重点。与成人的许多带有较强目的性的功利性阅读不同，少年儿童的阅读行为更多地建立在兴趣的基础之上。本书作者结合多年的培训和育儿经验，注意整理、总结，善于发现、分析有趣的现象，如男婴为何比女婴反应迟钝，男孩的阅读专注度为何不如女孩，四年级为何会出现"滑坡现象"；作者更善于提炼有趣的问题解决方案，如在家庭阅读活动中，帮助孩子学习预测和推论的3个游戏（猜封面、暂停键、猜凶手），还有将阅读与游戏关联起来的4个方法（CATAPULT，THIEVES，K-W-L，AG）。强调趣味的指导思想为本书增添了许多可读性和实用性。

第五，多维拓展。书中提出的结论和所做的一些实践探索表现出显著的开放性，为读者提供了多个维度的价值拓展空间。一方面，将阅读与写作结合起来，揭示出二者的相互作用关系，而不是单纯地解决阅读问题。另一方面，专门设计的社群陪读模式，为读者创建了交流互动的线上社群，交流个性化的阅读问题，集思广益、相互启发。正如作者所言，"如果内容能给你启发，催生出你自己的好办法，那将是这本书最大的价值"。

本书的可圈可点之处还有很多，以上五个特点是我的一些初步观感，也足以体现出作者的用心和功力。这无疑是一本促进阅读能力提升的高品质指南之作，无论对婴幼儿、青少年，还是成年人，都有显著的指导意义。

我在为研究生开设的信息组织、信息检索等专业课中，也提到一些高效阅读的方法，课堂上传授的知识与实践工作中的探索，正好与本书内容所包含的理论体系和对策举措相呼应。我很高兴晶晶能够学以致用，将专业知识应用于现实问题的解决，更能结合自己的切身经历，对前人的成果推陈出新，提出贴近现实的洞见。

期待本书能助力全民阅读活动，让更多的人感受到阅读带来的快乐和美好。

赵益民

2022年10月30日

于昆明呈贡大学城

前言

开启终身阅读之旅

在孩子的成长过程中，阅读培养是一个绕不开的命题，想必每一位家长都希望自己家的孩子能够"腹有诗书气自华"，可是在培养孩子阅读兴致和习惯的过程中，总是会遇到各种问题和烦恼，把孩子培养成为一名成熟的阅读者，终生的爱书人，真的是"道阻且长"。

这本书专门为家长朋友们解答在培养孩子阅读过程中的种种疑虑和困境，帮助大家避开恼人的陷阱和歧途，把握阅读培养的核心理念，了解孩子阅读的重要阶段和掌握阅读的实用策略与方法。

当然我更希望带给大家的是激发孩子阅读乐趣的点子，并发挥三个作用。

第一个作用：帮助你理解并支持孩子的阅读进度，做到不急。

孩子"阅读脑"的打造需要十年：阅读发展需要六个阶段，每个阶段孩子能达到的认知水平和阅读能力是有限的，要一级一级地攀登，不能一步就达到很高的阶段。家长在育儿中最容易犯的一个毛病就是把自己已经掌握的东西视为理所当然。

希望我的分享能唤醒你的记忆，回忆起自己掌握阅读这项技能所花费的那近十年的努力，避免把阅读想得过于简单，认为孩子理所当然应该懂得如何阅读。

第二个作用：启发你找到适合自家孩子的家庭阅读养育方法，做到不慌。

我尽量把关注点聚焦在那些阅读养育最常见的案例和家长朋友最关心的问题上，为这些案例和问题提供最适合家庭的实操方法。同时，我也知道，每个孩子、每位父母、每个家庭都有各自的独特性和唯一性。无论哪个方法，在实施之前你都要评估一下，摒弃那些不适合你和孩子的。如果内容能给你启发，催生出你自己的好办法，那将是这本书最大的价值。

另外，由于书的内容有限，有些理论和方法无法讲得非常具体、透彻，而且一些我认为不紧要的理论和方法也没有包含进来。但如果你能从这些方法中顺藤摸瓜，拓展自己的知识边界，那么，无论是对你还是对孩子都是一件好事，也符合我们倡导的终身学习理念。

第三个作用：能长期陪伴你的阅读培养之路，做到不躁。

我希望这本书能够伴随你一段时间，常伴常新。如果你的孩子还小，有些办法，尤其是提升阅读能力的办法可能还无法实施。我希望这本书能种下一粒种子，当孩子长大一些，你可能会需要重新翻开这本书，让种子发芽。

希望看到这本书的你，不必陷于阅读焦虑。当你对孩子的阅读状态或阅读进度不满时，请在心里默念：在智能屏幕时代，对孩子来说，不读是常态，偶读是抬爱，多读是意外，深读是中彩。

少一些焦虑，大脑才能多一些清醒，才能找到适合孩子的阅读策略，为孩子选择合适的书，营造安心的阅读环境，让孩子真正享受到阅读的乐趣。**家庭阅读的定位就是让孩子想要阅读、热爱阅读、享受阅读。**

希望这本书能唤醒你年轻时的记忆，不为别的，只为不要把阅读当成理所当然的事，而忽视了你的孩子在掌握阅读这项技能过程中的艰辛努力。

希望你能活学活用书中提到的各种方法，能触类旁通催生适合你家庭的好办法，能顺藤摸瓜，开启你自己的终身阅读之旅。

希望这本书能在较长的一段时间里帮到你和孩子。

接下来，我将从**培养阅读兴趣和阅读习惯**开始，聊到**提升阅读能力**的方法。让阅读成为滋养孩子一生的清泉，永不枯竭地流入孩子的心田。

陈晶晶

2022年9月6日

目录

第一篇

在近几年的阅读推广和研究中，常常有家长朋友问："孩子自己看书的时候，到底怎么知道他看没看进去，看没看懂，看懂了多少呢？"

想要知道孩子的书读没读进去，首先你要跟孩子聊书，用问题和讨论来引导孩子充分表达和深入思考，只有在讨论的过程中才能够摸清孩子阅读理解的程度。当然提出一个好的问题，只是第一步。更重要的其实是第二步——培养阅读理解监控能力，让孩子最终能够自己把握阅读理解的程度。

比如你辅导孩子写作业的时候，是不是会暴怒大吼："你自己没看懂你自己不知道吗？没看懂你不知道问吗？"，发脾气归发脾气，但孩子真的就是不知道他自己没懂，这就是阅读理解监控能力缺失，也正是在家庭阅读培养中需要我们去引导的地方。

孩子到底有没有读进去，有没有读懂，到底读懂了多少，不是只凭你和孩子之间，**你问他答**就可以解决的事情，还需要有一步是**你教他学**，我们不仅要教会孩子如何分辨自己有没有读懂，有哪些蛛丝马迹表明没有读懂，如果没有读懂应该怎么办？

作为成年人，我们已经把很多阅读的策略和方法都想得理所当然了，日常高频率的阅读和几十年的阅读积累已经让我们忘记了自己到底是怎么掌握这些技巧的，我们使用各种方法却不自知，不知道应该怎么传递给孩子，更不知道这些方法是建立在什么样的认知学、语言学以及脑神经科学的基础之上的。

想要解决孩子读没读懂、读懂了多少的问题，必须在实际运用之前了解儿童认知发展的规律，以及影响阅读理解的内外因素。因为多数时候被我们忽视的理论才是培养阅读高手的根基，是一切方法和策略的前提，任何的"术"都需要以"道"为基础才能有效，否则只会南辕北辙。

第一篇内容先搭理论的梯子，后两篇分享进阶的实操方法，有系统、分阶段地解决家庭中培养儿童阅读习惯和提升阅读能力的常见问题。

第1章

_____

培养阅读高手的必备常识

无论是学习哪一种文字，都需要经过长达10年左右的有效训练，才能够把孩子的大脑打造成阅读高手的人脑。

更多人认为阅读理解最大的障碍是"识字量"，但其实识字量只是阅读的最初级挑战。进一步的挑战其实是流畅的解码能力。

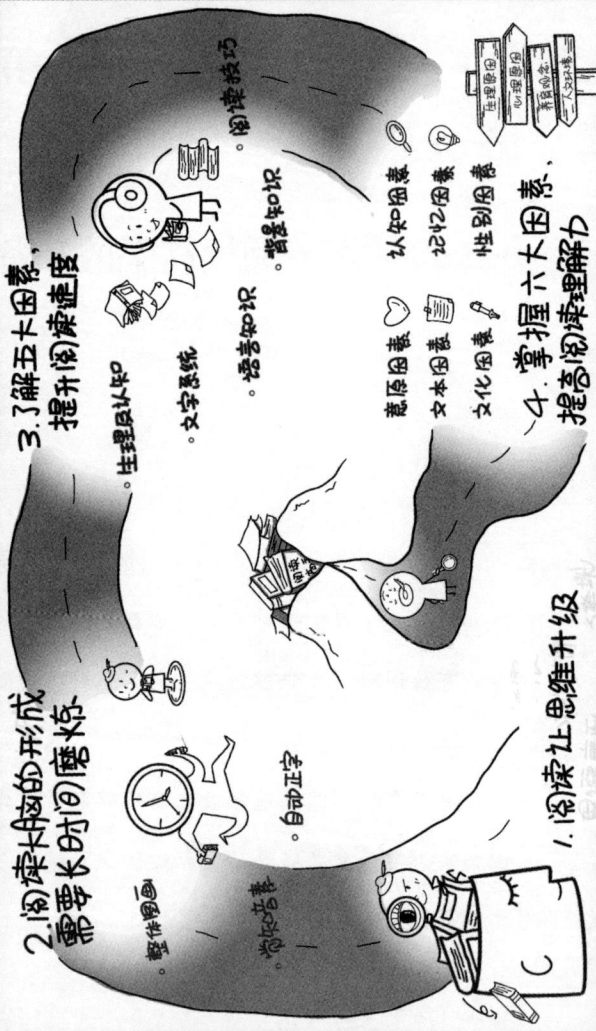

① 第1章 培养阅读高手的必备常识

2. 阅读个脑的形成，需要长时间的磨炼

3. 了解五大因素，提升阅读速度
- 生理良水平
- 文字系统
- 语音知识
- 意愿的因素
- 文本的因素
- 文化的因素

阅读技巧
- 背景知识
- 认知因素
- 记忆因素
- 性别因素

4. 掌握六大因素，提高阅读理解力

1. 阅读让思维升级

自动正字

阅读让思维升级

阅读发展其实是语言和思维成长的一种表现。英国哲学家罗素说过"一只狗无论叫得多么的寂静，也无法告诉你，它的父母虽然穷，但却很诚实"。这句话点明了人与动物的最大的区别，即人有丰富的语言，人有复杂的思想。

那么到底思维和语言有什么关系？是思维决定的语言还是语言决定的思维，是鸡生蛋还是蛋生鸡，古往今来的哲人学者都有着不同的观点。

美国著名的语言学家Bloom wolf（沃尔夫，B.L.），提出了**沃尔夫假说**，至今仍然是权威的观点，这个假说包括两个部分：其一，语言决定论就是指语言决定某些认知过程，学习一种语言会改变人的思维方式；其二，语言相对论就是用不同语言的人以不同方式思维，认知过程也因语言的不同而不同。

举个例子，2015年是羊年，当时英文媒体有一个热点，中国羊到底应该是sheep year、goat year还是ram year。英文没有"羊"这个统称的概念，只是个体的绵羊、山羊、公羊。语言学家认为，这是因为英语思维是个体分析性思维，而中文思维是整体综合性思维。

在互联网时代获得知识、信息、娱乐的方式如此丰富，为什么我们仍然重视并提倡阅读。可能每个人都有自己的看法，我个人的看法是文字语言或书面语言是语言的高级部分，代表了思维的高级形式，阅读是为了让思维更上一层楼。这就是为什么孩子说话不用教就会，读写却非教不可的原因之一。

再深究一下，比如一个健康的小孩，从第一次喊着妈妈、爸爸到三四岁最迟不过五岁的时候，就能用母语准确流利地进行语言沟通，几乎算是无师自通。更有意思的是，不管什么人种的孩子，把他养在什么样的语言环境里，他就能说出什么样的语言。

可是一个能说会道的孩子，如果没有人教他读写文字，甚至就算是有人教，但孩子不努力地学上几年，就算把孩子埋在书堆里，他也是无法读懂那些字，更别提写了，所以读和写是必须要教的，全世界没有任何一种文字是可以让人无师自通掌握读与写的。

为了区分获得语言能力的过程，语言学家把前者称之为语言习得，把后者称之为语言学习，听说能力可以自然习得，读写能力却只能通过学习获得。

回溯人类历史，公认最早的文字开始于公元前3000多年，不过5000年的历史，而我国的甲骨文残片，最早来源于公元前1300年的商朝晚期，距今3000多年。四五千年的历史，对于生物进化来说还是太短了，不足以产生遗传的生命硬件。也就是说，或许几万年以后，人脑会进化到具备自然习得文字阅读的能力，但就目前而言，人脑还没有这种能力，所以没有先天优势，就只能靠后天学习了。

不止读写能力，人类无法自然习得，还有一些语言能力，人类也不能自然习得。人文、数理、科技、医学、经济等专业语言需要学习，外语需要学习，演讲、主持高级的口语表达需要学习，文学欣赏与文学创作等高雅文学语言能力更需要通过学习获得（表1-1）。

表1-1　语言能力分类

可习得的语言能力	需要学习的语言能力
听说能力	读写能力
基础母语语言能力	高级专业语言能力、外语语言能力
日常生活语言能力	高雅文字语言能力

我们培养孩子的阅读能力，当然绝不止步于识文断字的初级读写能力，而是为了能够在此基础上掌握更高级的专业语言，尤其是能欣赏并在工作生活中灵活运用文字语言。

人如果缺乏高层次的语言能力，思想只能徘徊在感性思维层面，难以深入到缜密的理性思维、抽象思维、逻辑思维，更别提形成个人思想体系了。阅读不仅能让我们获得前人的思想成果，还能积累更加丰富的语言和词汇，甚至还能演绎自己的思想。

阅读大脑的形成需长时间磨炼

欧美认知心理学家和脑神经学家对大脑学习拼音、文字，尤其是英文阅读的过程和机理做了大量的研究，虽然没有彻底地解开所有的谜团，但却也取得了可观的进展。遗憾的是针对中文阅读的脑神经研究目前还比较有限，我们可以借鉴英文阅读的研究成果。

总的来说，英文阅读能力的获得包括三个阶段：第一阶段是整体图画阶段；第二阶段是觉知音素阶段；第三阶段是正字法阶段。

第一阶段：整体图画阶段

整体图画阶段是指把一个英文单词当成一整幅图画来识别的阶段，这和中国孩子认识汉字是一样的道理。这个阶段，孩子能记住少量的单词，比如说Cat、Coco cola，但如果把它变成大写的CAT或者是COCO-COLA，孩子可能就不认识，还可能会把cat和cut混淆，就像中国孩子也会把"土"和"士"搞混一样，因为两组的图画太像了。

第二阶段：觉知音素阶段

音素是语言发音的最小单元，比如说"苹果"的"苹"字可以分成"P-ING"两个音，孩子虽然能够流利地说话，但并不会意识到音素的存在。

在这个阶段，孩子意识到一个英文单词内部的字母组合与发音之间的关系，他们不再把一个单词作为一个整体来看待，而是慢慢地掌握了把单词分成更小的音素单元。

比如说把CAT分成C-A-T，把RICH分成R-I-C-H。这个阶段，对于孩子来说，短的单词比长的单词更容易认读。

另外有研究结果表明，对韵脚敏感的学前儿童，学习英语阅读会更快，**这就提醒我们从小就给孩子读童谣、背诗歌，对培养阅读能力是有益的。**

第三阶段：自动正字阶段

这个阶段，孩子慢慢练就了一眼认出一个单词的本事，整体认读字词的速度变快，自动化的程度越来越高，不管是大写还是小写，不管是印刷体还是手写体，单词的长短、笔画的多少不再是影响认读速度的主要因素，影响认读速度的主要因素变成词频。

中文是字形和读音分离的文字系统，是否也适用于这三个阶段，尤其是觉知音素阶段，对中文阅读的影响到底有多大？还有待我国的认知心理学家和脑神经学家给出答案。

需要提醒的是，阅读能力获得的这三个阶段即"学会阅读的三个阶段"，与是否理解了所读到的内容并从中获取信息是没有关系的。

显而易见，阅读是一项需要视觉、语言、注意力、记忆力、感觉脑以及运动脑等各个脑区通力合作才能完成的脑力活动，并且最开始这种合作是不存在的。

目前，脑神经学家观察到，在儿童学习阅读的前几年，左右脑半球都有大片脑区活跃，反而**优秀阅读者则是左脑的几个特定脑区活跃**，因为对于阅读这件事情，新手脑区的活跃其实是低效的，通俗的说法是好像没头的苍蝇一样，不知道把眼睛看到的这些符号交给谁处理才好的状态。

优秀阅读者是在大脑特定区域建立了高效的文字处理神经回路。对阅读高手的大脑测试显示，大脑激活的次序分明且有规律，而且大部分激活区都在左脑，尤其是左侧枕——颞（nie）区。法国脑神经学家斯坦尼斯拉斯·迪亚，把这块小小的脑区称之为"文字盒子区"，它对识别文字并最终理解文字的含义至关重要，专门接收和处理文字信息，把处理的结果分发到相应的脑区。比如你看到"酸梅"两个字流口水，看惊悚小说或探案小说关键时刻会心跳加速，这都是"文字盒子区"的功劳。

因此无论是学习哪一种文字，都需要经过长达10年左右的有效训练，才能够把孩子的大脑打造成阅读高手的大脑，这是一个漫长的过程。整个九年义务教育期间，学校、家庭、孩子需要通力合作，才能够完成这项巨大的改造工程，一方不努力都会延误工期。

最关键的是还不能提前开始，因为阅读需要各个脑区的密切协作，而不同脑区的协作又要依赖大脑角回区髓鞘的形成，除了天赋凛然的神童，绝大多数正常发育的孩子的大脑角回区髓鞘形成需要到5~7岁才能够完成。

这也很好地解释了提前开始识字的孩子，到三年级时，就会完全失去抢跑优势，因为提前识字是在违背孩子大脑生理发展的自然规律。

阅读除了生理上改变了大脑，还对人的认知能力有极大的提升。比如阅读会大大提升言语记忆工作者的效率，也就是说短时间记忆一个新工具的操作指南，或记一个菜谱，能读写的人，一定好过不会读写的人很多。

我们国家对汉字阅读的认知和脑神经研究还不多，即使有也不够深入。美国儿童认知学者Maryanne Wolf（玛丽安娜·沃尔夫）教授在他的著作《*Proust and the Squid*》（《普鲁斯特与乌贼》）中介绍了一个有趣的病例，20世纪30年代，一位精通中英文双语的美籍华人老人突然得了"失读症"，一夜间丧失了阅读能力，但他失去的只是中文阅读能力，读英文却没有任何问题，这暗示了中文和英文阅读的脑区很可能是分离的。

了解5大因素，提升阅读速度

在这个信息焦虑的时代，毫无疑问，读的书越多，越有可能获取更广博的知识，每年动辄三百、五百甚至上千本书的阅读量，是很多阅读达人、知识分子的标配，尤其是需要割韭菜的时候，速读能力更是一个值得标榜的技能。

2019年10月，国内有个热点——号称应用"量子理论"的速读培训班，大肆宣传并现场展示孩子用书扇扇风，就能把书里的内容扇进大脑，这类的速读神话在如此内卷的时代经常出现，这样的做法到底是创造阅读神童还是纯粹收智商税，我们必须做出科学的判断。

影响阅读速度的不是只有阅读技巧，还包括生理及认知、文字系统、语言知识、背景知识五大因素。

1.生理及认知因素

从生理和认知心理层面，人的视觉和脑神经决定了阅读速度有生理和认知极限。

脑神经学家通过实验证实，人类的眼睛只有视网膜中央一个称之为"中央凹"的极小区域，能分辨文字的细节。换句话说，要想看清文字，文字必须要落在视网膜的这个小区域里，用眼睛的余光是看不清文字的。所以我们读一行字，目光必须要跳动几次，因为任何一个正常人的"中央凹"都没有办法一下子看清一整行字。

阅读速度在生理上的另一个局限就是记忆，大脑有感觉记忆、工作记忆、长期记忆，阅读理解发生在工作记忆区，工作记忆的容量通常是5~9人，太多的信息进入大脑工作记忆区是无效的，大脑根本处理不过来。

国外脑神经学家专门设计一种设备，让屏幕上的字可以自动往前跑，并使每个字依次精准地落在"中央凹"，这样就避免了我们平时阅读时"跟跳"的耗时，但就算在这种设备的帮助下，最优秀的阅读者也只能达到1600词/分钟的阅读速度，超过这个速度的话再快的脑子也不够用，理解和记忆都会直线下降，看了也不能理解和记忆。

2.文字系统因素

拼音文字（即拼音和英文）和汉字是两种完全不同的文字系统。拼音文字每个单词的长度不同，词与词之间有空格分格，而汉字是方块字，每个字的大小一致，但词语的长度有长有短，且词与词之间没有空格，会造成两种文字系统的眼跳节奏不同，必然也会影响阅读速度。

3.语言知识因素

语言知识是指拼读能力、识字量、词汇量、语法知识……就是与语言自身属性相关的知识。看到一个字需要花多少时间能认读出来，看到一个词，需要花多少时间才能从心理词典里翻出这个词的含义？读到一个复杂句型，能不能一遍就读懂句子的意思……毫无疑问，这类知识的多少和强弱会严重影响在"学习阅读"这个阶段的孩子的阅读速度。这些硬性的知识除了通过反复大量的阅读来逐步加固和提高，没有别的速读技巧能帮上忙。

4.背景知识因素

从小学中高年级开始，当孩子进入"从阅读中学习"的阶段时，背景知识对阅读速度的影响越来越突出。长期记忆这时就起作用了，它是阅读理解的燃料库，背景知识越多记忆越牢固，越能加快自动形成大的组块，帮助工作记忆提高效率，如果燃料库里的燃料太少，工作记忆这台马达就会跑不动，也就很难读得懂，自然也就读得慢。

成年人读童书能读得飞快，读言情小说也能读得很快，读自己专业领域的旧知识也不会太慢，但是读专业领域的新知识或者进入一个全新知识领域就会读得很慢，并且慢很多，读快了，就读不懂。如果读网文、网上八卦信息，1000字/分钟肯定没问题，但以这个速度读《时间简史》根本不可能，这就是背景知识对阅读速度的影响。

5.阅读技巧因素

学校里语文教学中有一项以精读为主的阅读课。精读是掌握阅读能力的重要手段，但如果不格外提醒孩子注意并适当地进行其他阅读方法的训练，这种教学可能会造成负面的结果——孩子会误以为只有逐字逐句逐行逐页去读才算读书。

其实现在生活中的精读只占阅读的极少比例，生活中绝大部分的阅读是浏览，是泛读或略读。当阅读目的不同时，阅读技巧和方法也必须随之调整。

比如主题阅读是专业学习中非常重要的一种阅读策略，是为一个特定目标而读，比如入门一个新领域或在已知的某个领域进行深入研究，需要对这个领域的图书、论文等文献做大量泛读，而这类图书有很大的同质性，内容大同小异，只有通过大量的泛读才能互相参考和借鉴，没必要每本都逐页精读，有些可能只是要重点阅读部分章节，跳过已知熟知的内容，跳过与自己阅读目的无关的内容。

一年读几百本书的"阅读大咖"，其实绝大多数是主题阅读，以我自己为例，有了孩子以后，中英文原版的家庭教育、亲子教育、阅读教育、儿童发展心理类的图书每年都要读数十本，最多的一年读了50多本，但真正逐字逐句看完并认真做笔记的，也不过是其中的七八本书。

那么，是不是速读就完完全全不科学或是瞎扯呢？其实也不是，有技巧的阅读速度确实有办法去提高的。

但要注意的是，绝大多数速读培训，针对的对象是进入综合阅读期以后的孩子，对还处于学习阅读中的孩子并不合适，因此非常不建议10岁以下的孩子进行速读培训，尤其是面对市场上鱼龙混杂的速读培训，一定要慎重。有时间和精力，不如在家多陪孩子朗读几本书，多看几页杂志。

为什么这么说呢？让我们看看专家们总结的5个拉低阅读速度的坏习惯：指读、阅读中头跟着目光摆动、唇读或心中默读、逐字注释和频繁回读。

可以看出这些对于成熟阅读者来说需要改正的坏习惯，对"学习阅读"期的孩子其实都是好习惯，能帮助他们在阅读中养成不急不躁，不漏重要信息的习惯，同时可以训练提高对字词的解码能力，把握句子的语法结构，形成对语言的敏感性，并为以后提升阅读速度做好准备。如果这个时候做所谓的"速读培训"，就等于拔苗助长，是在让刚刚能站立的孩子去跑。

多项实验教学也证明了，即使是在语言和教育专家的指导下，由真正的幼儿教师、学校老师操作执行的"速读"训练，参与训练的幼儿园和小学的孩子并不比没有参加的孩子有明显优势，但对于中学生和大学生的类似训练进步却较为明显。

首先，速读是需要集中注意力的。其次，眼跳的跨度、频率、回视重读等眼动模式都会影响阅读速度。如果能减少眼跳次数，使每次眼跳落在重要的实词上，并极大限度地杜绝回视重读，阅读速度自然就提高了。

2007年，Scott Young（斯科特·扬）写了博客介绍自己如何用速读法，把阅读速度从400词/分钟提升到900词/分钟，宣扬速读法的可操作性，这篇博客被速读培训机构广泛引用。然而实践了近十年之后，2015年他在文章I Was Wrong About Speed Reading《关于阅读，我错了》中表示："速读是不存在的，对他来说，500~600词/分钟是正常的阅读理解上限了"。这个数据与脑认知学家们的实验数字相符，但因为影响到某些人的利益，所以不被"速读"狂热分子追捧。

我国的"速读"研究在20世纪80年代后逐渐受到了重视，并在中小学进行大量的实验教学，现在快速阅读已经进入中学语文大纲的要求，初中生要达到500字/分钟，高中生要达到600字/分钟，但有"速读培训机构"声称，能够让孩子达到1万字/分钟的阅读速度，你敢信吗？

没错，书读得越多，读得越快，这是阅读速度的法门，但同时，如果抛开了理解，对阅读速度单纯的追求都是极为不合理的。

掌握6大因素，提高阅读理解力

　　阅读是读者与作者之间跨时空的交流，是读者透过文字或者是图画，理解作者的思想和意图，包括情感和情绪，在此基础上产生自己的想法并做出回应，因此，**阅读的重点是理解**。如果不能很好地理解所读的内容，阅读就没有意义，如果总是在阅读中遇到理解的障碍，阅读的兴趣就会大打折扣。

　　阅读理解即阅读解码能力，这是个复杂的能力，需要能够流利地识文断字，到能够理解字面意思，再到能够推断出字里行间隐含的逻辑和意思，还能在阅读过程中持续进行自我监督和理解监控。

　　不过，更多人认为阅读理解最大的障碍是"识字量"，但其实识字量只是阅读的最初级挑战。进一步的挑战其实是流畅的解码能力，就是看到字词能够迅速地认出来，并且把它的各种可能的含义反应出来，根据上下文选出最合适的意思理解整句话、整个段落，乃至整篇文章。

　　流畅的解码能力可以这样理解，比如你自己在阅读一篇外文，哪怕一个生词都没有，可通读下来后，大脑仍然是一片空白，要来来回回读两三遍才能读懂，这是"解码能力"较弱的表现。孩子们在刚开始学习阅读时，常常会遇到这样的问题。

因此，识字不等于理解，理解是复杂的认知过程，理解力的提升是循序渐进的过程。了解影响孩子阅读理解力的因素，可以帮助我们更好地去选择最适合孩子的读物。

从大脑的内外部结构来看，影响孩子阅读理解力的因素有很多，我总结了以下6大因素。外部因素主要包括意愿因素、文本因素、认知因素、文化因素；内部因素主要有记忆因素和性别因素。

1.意愿因素

愿不愿意读，心情好不好，也就是状态对不对，影响了正在读的内容是否最大程度地被理解。比如要读的书是孩子感兴趣的，还是孩子根本不想读的？孩子在开始阅读前心情是愉快的，还是刚刚挨了一顿训，正憋屈着呢？

如果孩子是高高兴兴地去读一本他特别想读或爱读的书，当然是能够读得进去的，否则读都读不进去就别奢望他能够理解了。在任何学习中，意愿都是一个重要的影响因素，不愿意和不高兴是任何学习的死敌。

2.文本因素

文本的难易程度也极大地影响了阅读理解力。比如文本有多长，生字量有多少，句型有多复杂，遣词造句是更加接近生活口语还是更文学、更专业，等等。

客观地分析文本的难易度或复杂度并不容易，这是一个非常复杂和综合的课题，英语分级阅读就是基于对文本难易度和复杂度的量化考虑。到目前为止英语阅读已经有很多成熟的分级系统，比如大家熟悉的蓝思值（Lexile），是美国目前最流行的分级阅读体系，除此之外还有很多，近两年特别火的牛津书虫在国内也掀起了一股风潮（第二章会具体讨论分级阅读）。

3.认知因素

认知因素，在这里指的是孩子已经掌握的背景知识及孩子的认知能力对阅读理解的影响。

关于背景知识，认知学家做了一个实验，同一篇描写橄榄球比赛的文章，给语言能力和年龄没有差别的孩子读，A组孩子全是棒球运动爱好者，B组的孩子没有玩过棒球，结果A组孩子读得津津有味，还从上下文中学会了几个生词，而B组孩子却相反，越读越烦，不但没读懂，学习新词就更不可能了，这就说明背景知识对理解阅读有多么的重要。

关于孩子的认知能力，这里指的是普遍规律，比如"守恒"

的概念，对于我们成年人习以为常的事情，大家都明白等量的水倒在高杯子里和矮杯子里，圆杯子里和方杯子里都是一样多的。但这个基本的认知三四岁的孩子往往还没有获得，就会认为倒在高杯子里的水更多，因为高杯子里的水比较高。再比如小宝宝会认为世界是以自己为中心的，要到五六岁以后，才能够慢慢走出自我为中心，渐渐明白并接受——我知道的别人可能不知道；我感受到的别人可能感受不到；我认为的是这样，别人可能认为是那样。

这些认知差异会对阅读理解产生影响。因此当阅读文本超越了孩子的认知范围，他们就会读不懂，如果差异较小，父母解释一下，就能明白并获得认知成长；如果差异太大，孩子就会对文本失去阅读的兴趣。

减少并弱化认知差异，也是提倡亲子阅读日常化的主要原因之一，父母能够比较及时地掌握孩子的理解程度，保证孩子的日常读物跟孩子的实际阅读水平相匹配。

4.文化因素

孩子成长的环境，会影响他对某些特定内容的理解力。比如我儿子"月饼"小朋友一直生长在城市，虽然天天吃着猪肉牛肉羊肉，却从来没有见过活的猪牛羊，但在我的童年里却是司空见惯的，对于月饼小朋友这么大的小孩来说，只存在于图片和影视动画里，让他们去理解农村猪圈牛耕鸡舍的生活，就显得有点难了。

同样让中国的孩子阅读介绍"春节""中秋节"习俗的书不会有多大难度，毕竟大部分习俗都亲身经历过，但是让他们读介绍美国感恩节、圣诞节的书就会有一定的理解难度。

孩子的成长环境大不相同，社会和家庭的价值取向也有一些差别，甚至是冲突，很可能还会带来理解上的困难和偏差。

5.记忆因素

在大脑内部，决定阅读理解力的主要因素是注意力和记忆力。关于注意力很容易理解，如果孩子无法集中注意力，或者注意力集中时间太短，都会影响阅读。但记忆力是如何影响阅读的，我们需要了解更多。

认知心理学家将大脑的记忆划分为三个部分，即第一部分是感觉记忆，第二部分是工作记忆，第三部分是长期记忆。

感觉记忆是我们的眼耳鼻舌身感觉器官接收到的色彩、图案、声音、味道、气味、触觉。每种感官都有自己的记忆储存区，但我们一直在感知周围环境，接收到的信息是无穷无尽的，而感觉记忆储存区又有限，所以我们的感觉记忆几乎总是转瞬即逝。

比如科学家发现，视觉记忆大概只能存储一秒多时间，也就是眼睛能看到很多不重要的东西或大脑不需要它，一秒后，大脑就会忘掉；听觉记忆的存储时间为2~4秒，有用的感觉记忆会被移入短时记忆。

短时记忆，也称为工作记忆，它既可以从感觉记忆获取信息，也可以从长期记忆提取信息，有主动加工和处理信息的功能，这是**思考唯一能发声的地方，阅读理解是一种思考，所以阅读理解只能发生在短时记忆里**。信息在短时记忆里，存储的时间会比在感觉记忆里长20秒左右，可存储5~9条信息。

目前来看，这是大脑的先天设置，后天努力是无法修改这个设置的，唯一能做的就是用一些小诡计来骗过大脑。

长期记忆是大脑储存信息和知识的地方。大脑在长期记忆中把有限的信息加工处理，或做决策，或把无用的信息清空，或产生可以存入长期记忆的信息。目前为止，科学家们没有找到长期记忆的存储局限，只要使用得当，似乎是想存多少就存多少，要存多久就存多久。

在大脑内部，一个完整的阅读理解过程是这样（图1-1）。

第一，大脑把注意力集中在书的文字上；

第二，眼睛把文字送到视觉记忆区；

第三，视觉记忆区把文字送给工作记忆区；

第四，大脑从长期记忆里把相关知识调取到工作记忆区，包括认出这些文字，理解这些字词的含义，理解整句整篇的含义，

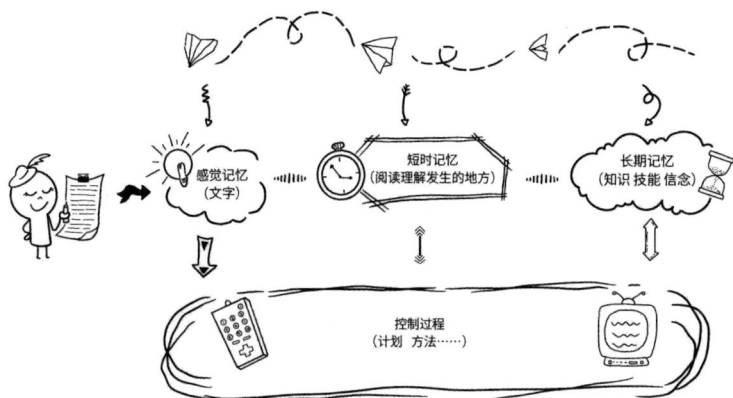

图1-1 阅读理解的完整过程

和已有的信息以及知识对照分析加工处理；

第五，把加工出来的新知识存入长期记忆当中。

显然，孩子初学阅读时，一个字进入短时记忆区，大脑会在长期记忆区翻翻这个字念啥，再一个字又翻一遍，还没读到第五个字时，工作记忆已经满负荷了，可正常的句子肯定超五个字，这时大脑就会进行工作记忆的扩容。

首先是**自动化扩容**，比如孩子初学系鞋带时，父母把动作进行分解，并且反复教，孩子虽然很努力，却总是顾此失彼，系不好，为什么？因为步骤比较多，同时还要控制手眼配合，工作记忆满负荷了，等孩子系了千百次，变成下意识动作，就能想都不想聊着天就系好了。这种下意识就是通过自动化扩容的方式，让工作记忆不再满负荷。

其次是**组块扩容**。工作记忆有一个特异功能，既能够接收一个字母、一个数字，也能接收一句话、一本书、一整套理论，还能把一个字母（数字）和一句话（一本书、一整套理论）进行加工，加工成新知识，这个过程就是组块。

比如一组字母组合MTA、ABN、OEC，看5秒后默写，不容易写出来吧？换成ATM、NBA、CEO，是不是就会很容易，甚至不用5秒就能轻松地默写下来。因为你一看就知道ATM是自动取款机、NBA是美国职业篮球、CEO是公司老板。现在我告诉你第一组字母是第二组字母的倒排，是不是你也能把第一组默写下来呢？这就是组块扩容法。如果孩子并不知道ATM是自动取款机，他的长期记忆里没有这个知识点，ATM三个字母对孩子来说还是无序无法组块的。

显然，如果长期记忆里没有足够的、取用方便的背景知识，生字生词很多，字词意思模糊，对复杂句型不了解不熟练，对阅读内容的背景知识所知又少，那么工作记忆怎么也调动不了。这也很能解释现在网络很流行的说法："互联网那么发达，上网一搜，想要的东西就能找到，根本不用记。"但我们需要知道，没有存放在长期记忆里的东西，是没办法组块或自动化的。

比如美国中小学的数学教育没有乘法口诀，数学考试可以用计算器，但认知学家却发现，背诵过乘法口诀的孩子明显比没有背过的孩子数感更好，计算得更准确，哪怕都可以用计算器，背过的也比没背过的成绩更优秀。因为背过乘法口诀的孩子长期记忆里多出来的乘法表，让他们在做题或运用时，工作记忆效率更高。

6.性别因素

在美国图书馆家庭教育区有大量图书，专门分析男孩和女孩各自的成长轨迹，探讨男孩和女孩的不同培养方法，其中有一个共识是男孩的阅读能力普遍落后于同龄的女孩，男孩的学习障碍问题也普遍比女孩严重。

造成男孩子阅读能力落后的，既有先天的生理原因和认知心理原因，也有后天的养育观念和人文环境的原因。

（1）生理原因

由于男女先天的差异，男婴的大脑发育普遍比女婴迟缓。到了6岁入学年龄，相比于女孩的大脑，男孩的大脑发育平均要落后6~12个月。对于这个年龄的孩子来说，男孩和女孩的大脑发育简直就是天壤之别了，而且这种差异会继续加大，直到青春期。

科学家还发现男孩的听觉也比女孩发育迟缓，对于1000~4000赫兹，也就是正常人的听力范围，男婴比女婴反应明显迟钝，而且男性的听力也普遍比女性弱，同样的轻声细语可能更吸引女孩的注意力，却可能完全引不起男孩的注意，这也是男孩在教室里更容易走神的原因之一。

除了大脑的差异，男孩和女孩在运动发育上也各不相同，男孩大幅度动作（走、跑、跳……）方面比女孩发育得更早更好，但在精细动作（搭建积木、使用剪刀、穿针引线）方面的发育则比女孩要落后。

阅读需要儿童相关的精细动作发育成熟。要能坐得住，翻书、指读的手眼协调，正确执笔抄写生字等都属于精细动作，对达到入学年龄的女孩来说都不困难，但男孩却可能还没有完全准备好。

（2）心理原因

男孩的生理基础不利于阅读，在心理认知上也有薄弱之处。研究表明，男孩对情感情绪的感受能力和表达能力也弱于女孩，尤其是负面情绪。

在孩童期，感受负面情绪的脑区是大脑深处的杏仁核，它与大脑皮层控制语言的脑区连接还很薄弱，因此你问六七岁的孩子为什么难过，孩子往往说不出所以然。进入青春期以后女孩就可以详细描述是什么让自己难过，自己又是如何难过，但青春期的男孩比六七岁时强不了多少。

非但说不清自己的情绪，男孩对他人的同情心、同理心，也会比女孩差一些。这时的男孩在阅读文学作品时，比较不容易对书中人物的处境和遭遇产生共鸣。感同身受这件事情对男孩来说是个谜，让男孩把阅读体验和自身的经历、情感结合起来也是一件难事，这自然影响了男孩的文学鉴赏力。

（3）养育观念

除了生理和心理的先天劣势，后天的性别刻板印象也是男孩阅读的障碍。

在全世界绝大部分文化中，典型的男孩形象都是调皮捣蛋精力充沛的样子，安静阅读的男孩不是典型的男孩形象，甚至还可能是负面的书呆子形象。在各种文化中，男性都比女性更愿意"大言不惭"地承认自己不爱读书，甚至嘲笑读书。这种大环境下，男孩子更容易轻视阅读，对阅读会产生抵触。

可是为什么男性却明显更有成就呢？那是因为我们整个社会，数千年对女性的要求更多是局限于家庭内部的，造成男性在社会上的成就普遍高于女性；另外一个非常重要的差异是女性各方面表现更多趋向于平均值，且高于男性，但最好和最差的却都被男性给包揽了，大家既要看到男性各类高成就，也要看到阅读困难症和学习困难症的患者中，男性是女性的数倍之多。

（4）人文环境

在对男孩阅读培养中，父亲无疑是个关键角色，父亲永远是儿子的榜样。如果父亲是个爱阅读的人，并能够在亲子阅读中抽出时间多陪孩子，男孩很难在阅读的问题上产生性别刻板印象，相反如果父亲本身就拒绝阅读，那么无论怎么苦口婆心或者棍棒相向，大概率都不会帮助儿子爱上阅读。

更重要的是，男女有别还会表现在阅读的各种方面。阅读同一本书男性注意的细节和女性注意的细节会有很大差异，男性的感悟和女性的感悟也会大不相同，因此亲子阅读时，父亲的理解会更有可能贴合男孩的想法和思维方式，更容易彼此产生共鸣，这一点，对年龄大一点的男孩的影响尤其深远。

第2章

培养阅读高手面临的挑战

父母的责任格外重要，尽量肩负起测评自家孩子阅读水平、测评图书分级以及选书推荐书的重任，将亲子阅读坚持下去。

耐心培养孩子的阅读兴致，注重背景知识和词汇的积累是所有治疗阅读性障碍的核心。

第2章 攻克阅读高手面临的挑战

1. 数字化阅读
—— 培养阅读高手的最后卡挑战

- 专注力
- 记忆力

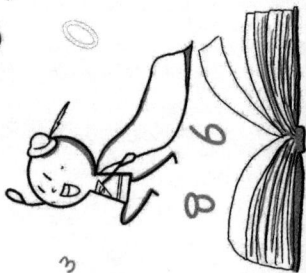

2. 分级化阅读
—— 通往阅读高手的阶梯

- 语言知识而阅读基础技能
- 知识和认知水平
- 社会情感发展程度

3. 阅读性障碍
—— 阅读高手的绊脚石

- 不是智力障碍

图 中科校阅读

数字化阅读——培养阅读高手的最大挑战

　　进入数字智能时代，所有孩子都面临阅读能力的大幅退步，阅读地位受到了前所未有的挑战，阅读方式也发生了翻天覆地的变化。阅读最大的变化是屏幕阅读和音频阅读正在侵蚀纸质阅读的主导地位。这里的屏幕阅读并不仅仅指电子书阅读，还包括网页浏览、网文阅读、社交媒体阅读等。

　　2019年美国一项调查结果表明，不包含上课写作业的屏幕时间，仅就屏幕娱乐时间一项，大家平均每天花费4小时44分钟，其中80%以上的时间用于看视频、玩游戏和社交媒体，只有2%的时间用于阅读。在连续三年疫情的特殊情况下，孩子们的屏幕时间只会更高。

　　不过我相信在看这本书的你，已经在心中认可了阅读的价值，而外部的形势挺严峻的，目前的大环境非常不利于阅读习惯的培养，而且会越来越不好，心理上要做好准备，一方面要应对阅读与屏幕娱乐之争，另一方面要应对阅读方式的变化，慎重权衡不同的阅读方式对自己孩子的影响。

美国认知学家Mary Wolfe（玛丽安娜·沃尔夫）在阅读脑科学、儿童语言发展心理学上做了大量的研究，从阅读的结果看，屏幕阅读与纸质阅读是有巨大差别的，其差别主要在专注力和记忆力上。

1.专注力

所有屏幕软件的设计和使用，让我们形成了一种反射，对屏幕内容的注意力是跳跃的，不是按顺序的，并且非常容易被链接、图片、按钮、特殊的字体、特殊的色彩等分散。

科学家设计了一个学习项目，A组学生通过阅读纯文本学习，给B组学生提供多媒体材料（与A组学生内容相同，形式不同），结果B组学生即多媒体阅读者，理解效果更差，阅读收获更少，意外的是，阅读乐趣居然也比读纯文本的一组低。另一个实验则证明，在线阅读时，同样内容的文章，通过控制文章中超链接的数目，可以显著地影响读者的理解力，超链接越多，读者的理解也就越差。

脑神经科学家解释：从脑成像来看，在线阅读者不但需要动用传统纸质阅读要用到的视觉、听觉、文字处理等脑区，还要额外动用评估和决策的脑区。因为每看到超链接，读者都要做一个评估和决策，即"这个链接有用吗？要点开吗"？同样其他多媒体也需要类似的评估和决策，这就会消耗部分用于理解和思考的脑力。

因此，不管你有没有意识到，承不承认，在屏幕上你很难老老实实地一行一行地按顺序阅读。这在新一代儿童中是更加显著的，他们的前额皮质——大脑负责专注、自控的区域，还没有发育成熟，就更加不能专注于阅读本身，注意力会迅速被屏幕上其他东西吸引。

不仅如此，研究数据还显示：孩子在屏幕上阅读时90%以上的会同时干别的事，而在纸质阅读时只有1%的概率。所以，屏幕阅读基本是跳跃的、多任务的、难以专注的阅读。

2.记忆力

我们知道大脑的记忆分为感觉记忆、短时记忆（工作记忆）和长期记忆。在阅读时工作记忆从视觉记忆区获取的文字信息，要经过思考才能够真正地被理解和记忆，如果文本太难，大脑可能需要通过回视重读，把没有看懂的文字重新抓回工作记忆。

实验表明，屏幕阅读让工作记忆处于高度兴奋和信息饥渴状态，不断地从视觉记忆区抓住新信息，盼望更多的信息，并担心漏掉一些信息，这些听起来不错，但实情是，大脑往往并没有精力去处理这些信息，因此，读了也是没有什么效果。

另外，实验还表明，读者在纸质阅读中更经常回视重读，为了确保自己的确读懂了，但在屏幕阅读中由于工作记忆的信息饥渴，读者往往急着往前赶，回视重读的次数会明显减少，因此很难进入深度阅读的状态。

由于屏幕阅读在专注力和记忆力方面的特征，科学家们通过实验还发现，即便是同样的文本，在复述故事、事件顺序、理解故事内容、对故事细节的把握上，屏幕阅读组都比纸质阅读组表现得更差。

不过，毫无疑问的是屏幕阅读确实让阅读更方便，数字化时代的平均阅读量比传统阅读时代大大提高，但是阅读质量也的确大大降低，深度阅读也越来越难做到。当然，做此类研究的人都是传统纸质阅读时代成长起来的学者和专家，是顶尖的阅读高手，对纸质阅读有着更强的依恋心理和适应性，得出屏幕阅读比不上纸质阅读的观察结果，带有一定的偏颇也是极有可能的，也许屏幕阅读还有其未被识别的优势。

对我而言，在快速获取某个专业的入门知识方面，屏幕阅读是明显优于纸质阅读的。我专业上90%以上的知识都是从屏幕上获取的，不过我有重要项目文档或学习难度较大的知识，或写书稿时，会把文件打印出来，因为这样能让我全神贯注，将出差错概率降为零。

数字化阅读的另一种形式是音频阅读，虽然音频阅读并不是新鲜事物，但它是当下时代把视觉输入变成听觉输入的一种特殊的"阅读"方式，对于低龄不识字的孩子或独立阅读能力有限的孩子、阅读障碍症患者及视力受限的残障人士、老人来说，音频阅读的好处不言而喻，即使对我们大多数普通人来说，它的好处也很是明显的。

现在生活节奏快，有时真的很难挤出捧书阅读的时间，利用开车、做家务、排队的时间，通过音频的方法来听几页书是很不错的解决方案，也充分利用了碎片化时间。

但是纯靠听觉能够吸收的信息是极其容易忘掉的，科学家专门做了一个关于记忆保持的实验，结果发现，只是听到的内容，人们只能记住20%，看到的内容能够记住30%，同时看到和听到的能记住50%，所以我也为你提供了音频课程，记得联系我领取音频课程。如果你想记住更多，理解更好，可以尝试把你听到的、读到的内容和他人交流分享，因为这样70%的内容会留在记忆里。

值得注意的是，对于低龄儿童的父母来说，音频阅读可以扩大孩子的阅读量，比如我家月饼小朋友，通过音频阅读的方式，4岁的他已经读完了20部迪士尼电影，自己感兴趣的《恐龙来了》，还有小孩子都喜欢的《海底小纵队》全系列等。

可是音频阅读绝对不可以取代亲子阅读，因为亲子阅读最有价值的部分是阅读过程中的亲子互动，包括与孩子肢体接触中传递的亲情与爱，包括对阅读内容给孩子的答疑、启发、讨论和游戏，包括观察孩子的阅读兴趣和阅读体验，并及时调整孩子的情绪等，这是任何音频阅读都做不到的。

　　不管我们愿不愿意接受，纸质阅读时代正在淡出，数字化阅读时代已经到来，它让我们难以专心阅读，并且理解率低，不能深度阅读，但它同时快捷便利，资源丰富，妥善利用使之成为阅读的宝藏，也会出现利大于弊的效果。

分级化阅读——通往阅读高手的阶梯

分级阅读是指按儿童的不同阅读能力级别进行相匹配的阅读读物的提供与相应指导，**是一种世界性的阅读趋势**，它起源于西方。英文的分级阅读，最早可以追溯到19世纪末，当时主要目的是帮助英语母语的儿童掌握母语阅读，培养阅读兴趣，逐步提高阅读能力。后来随着英语在全球的"霸权"地位建立，英语作为第二语言的学习需求越来越高，所以针对于成年人学习英语的分级就出现了。

分级阅读需要考虑诸多方面。

第一，语言知识和阅读基础技能，比如识字量、词汇量、句型复杂度、语法知识、文体形式、篇幅掌控能力等。

第二，常识和认知水平，不同年龄、不同文化背景的读者，对科学、艺术、人文的认知水平是不一样的。

第三，社会感情发展程度，孩子的社会感情发展是循序渐进的，与成年人的感情世界更是截然不同的，适合孩子读的，不一定不适合成年人，适合小宝宝的，不一定不适合大孩子。

最初，英语的分级阅读是以提高英语母语儿童的阅读能力为目的，按年龄和年级分，不管儿童的个体发展差别，孩子几岁或读几年级就代表着阅读要达到几级了，准确率只能达到50%左右，这也是目前中文分级阅读的标准。

当下，英语的分级系统很多，已相对比较成熟，大家耳熟能详的有蓝思值（Lexile）和牛津阅读树（Oxford ReadingTree），分别是美国和英国两大分级系统。比如以现在比较火的"牛津书虫"为例，它是专门为英语第二语言的学习者设计的分级阅读产品。其实它并非面向英语母语的低龄儿童，而是面向已经过语言敏感期，年龄在12岁以上的英语学习者的。以第一集为例，词汇量虽只有500左右，但内容却涉及了爱情、历史、政治、悬疑、惊悚等，根本不是幼儿园小朋友能理解的，如果拿这套书来教低龄段孩子英文阅读，就非常不合适。

相比成熟的英语分级阅读，中文的分级阅读尚处于初级发展阶段，在过去的十几年里，中文的分级阅读做了很多尝试，并且各自出版了一些分级读物，这些读物主要有四大类的读者：第一类是国内的中文母语儿童；第二类是海外华人家庭双语儿童；第三类是非母语家庭儿童，比如美国中小学里选修中文的学生；第四类是中文为第二语言的成年人。

很幸运的是2019年，第六届国际儿童阅读大会上，首都师范大学王蕾教授发布了"中文分级阅读首个学术标准"——"鎏阅"分级标准；2020年6月中宣部"3~8岁儿童分级阅读指导"行业标准正式立项。这将极大地推动中文分级阅读标准的科学化研制进程，对家长们来说是皆大欢喜的事。

比如《书香少年整本书阅读》依托的就是"鋆阅"儿童分级化阅读标准（小学段），作品阅读的难易程度会遵循着年级水平阶梯推进，比如同样是中国神话故事，不同阅读水平，提供的字词、句法、主题等都会有所不同，同时会有指导的分级，会为每本书配套学生阅读活动手册。

无论如何，分级阅读标准再好，也不会完全适用于自家的孩子，因此，父母的责任格外重要，如果你可以做到，尽量肩负起测评自家孩子阅读水平、测评图书分级以及选书推荐书的重任，将亲子阅读坚持下去，唯有如此，才能准确为孩子选到合适的书，孩子感兴趣的书、有动力看的书。

阅读性障碍——阅读高手的绊脚石

在中国，所有的阅读障碍都被"这孩子真笨/不行，他就不是个读书的料"这句话给解决了。阅读障碍真的是笨吗？

世界卫生组织（1993年）定义标准是，发展性阅读障碍是指个体在一般智力动机、生活环境和教育条件等方面与其他个人没有差异，也没有明显的视力、听力、神经系统障碍，但其阅读成绩明显低于相应年龄的应有水平，处于阅读困难的状态之中。

换句话说，阅读障碍是各方面都和正常人一样，但就在阅读的时候，遭遇常人所不会遇到，也难以想象的困难的人，它是一种与视觉、听觉及脑神经的隐性缺陷有关，不是简单的看不清、听不清、脑损伤这类明显疾病。

世界对拼音文字阅读障碍的研究始于1887年。当时法国神经科学家约瑟夫·朱尔·德热里纳遇到过一个奇特的病例：一位中风患者突然失去了阅读能力，这名患者能说能写，字写得比原来差很多，但再也认不出字，无法读懂任何文字信息。1992年，在西方跨语种的阅读障碍研究中，首次发现中文阅读障碍发病率也不低。

无论中外，阅读障碍的诊断标准没有特别准确统一的标准。统计数据显示，以英语为母语的人口中阅读障碍的发病率在5%~12%，中文阅读障碍的发病率在4%~8%左右，这就意味着，平均而言，在我们国家一个班级里总会有2~3个阅读障碍的儿童。

有学者把阅读障碍分为读写障碍、理解障碍、语言型学习障碍（表2-1）。

表2-1 阅读障碍

识字程度＼理解程度	理解正常	理解缺陷
识字正常	正常	理解障碍
识字缺陷	读写障碍	语言型学习障碍

根据2006年中国台湾的数据，有中文阅读困难的孩子中，29%是读写障碍，50%是理解障碍，21%是语言型学习障碍。

阅读障碍类型不同，病理不相同，有专家认为低年级孩子（小学阶段）中文阅读障碍缺陷似乎与字形有关，就是孩子在辨识字形细节方面有困难；而高年级（初中阶段）孩子中文阅读障碍缺陷似乎与语义相关，就是孩子在提取文字意思方面有困难。

当然还可能有其他的缺陷，专家认为中文阅读障碍儿童还存在视觉加工能力缺陷和短时记忆缺陷，这两项缺陷可能导致记不住生字，认不出生字，对生字、生词难以形成长期记忆。

另外有测验表明，阅读障碍儿童有明显的注意缺陷，与正常儿童相比，他们的注意力更容易分散，他们会比正常儿童记住更多与文字无关的其他东西，因此，他们对文字信息的处理速度就明显减慢。

值得强调的是，阅读障碍不是智力障碍。阅读障碍儿童的智力与正常儿童并没有明显的差异，但相关测试显示，阅读障碍儿童的操作智商高于语言智商，也就是这些孩子动手能力胜于语言能力。另外还有学者研究阅读障碍学生的创造力，发现与正常学生也无差别，但在创造力的独特性和抽象性上却胜于正常的学生。

由此可见，对阅读障碍孩子，上帝关上了一扇门，却打开了另一扇窗。

如果孩子有阅读障碍如何进行诊断和治疗呢？1998年麻省理工学院心理学家罗塞利·芬克访谈了60位受阅读障碍症困扰的成功人士，包括艺术家、商人、律师、医生，甚至还有一位诺贝尔奖得主。

最终，芬克总结得出：与普通儿童相比，阅读障碍儿童学会流利阅读要晚三年或更长时间，不过，真正改善这些人阅读能力的，不是他们接受过各种各样的治疗，而是兴趣——"他们在儿童时代就喜欢上某个领域，贪婪地吸收相关的知识，积累了足够的背景知识和词汇，从而成功地依靠上下文完成了阅读这件事。"

显然，耐心培养孩子的阅读兴致，注重背景知识和词汇的积累是所有治疗的核心。

第二篇

在培养孩子成为阅读高手前，你得先用知识武装自己，了解与文字阅读相关的常识，适当了解一些前沿科学的研究成果，这样可以帮助你少走弯路，更有效地培养孩子的阅读习惯，更好地辅助孩子成长，更智慧地分辨鱼龙混杂的培训市场，少被某些玄之又玄的育儿理念忽悠，少受甚至免受毒鸡汤的伤害。

孩子的成长很快，阅读兴趣和阅读特点也一直在变，欧美国家通常把阅读发展分为5个阶段，即阅读准备期、阅读新手期、解码阅读期、流行阅读期以及专家级阅读。这是通用标准，不但适合孩子，也适合成年以后才开始学习阅读的所有人，尤其是那些学习外语的成年人。

不过，按照我国常规的家庭和学校教育的进度，可以把孩子的阅读发展分为6个阶段：玩书游戏期、图文阅读期、解码阅读期、综合阅读期和深入阅读期，对于父母来说比较贴近实际，还容易理解和记忆。

0~2岁是玩书游戏期，3~6岁是图文阅读期，小学1~2年级是解码阅读期，小学3~4年级是危险过渡期，小学5~6年级是综合阅读期，初中及初中以上是深入阅读期。

根据这6个阶段孩子的认知和成长特点，在帮助孩子成为阅读高手的路上，我提炼出每个发展阶段最关键、最核心的特点，研讨出了对孩子阅读的影响以及适合孩子阅读的文本，总结出了培养孩子阅读兴趣和提升孩子阅读能力的办法，以及我们家长应该做什么，不该做什么。

第 3 章

0~6岁，书是孩子的玩乐世界

丰富0~2岁小宝宝的阅读刺激，有节奏、有韵律的童谣、诗歌对孩子的语言发展格外有益，还需要为孩子提供与阅读相关且丰富的视觉和触觉刺激。

坚持每天给自己一点阅读的时间，成为孩子的阅读榜样，给孩子营造一个好的氛围。

1. 0岁阅读不嫌早

听到的普通比成人宽
会辨的音素比成人多

图×文来呈现
经得起反复读
贴心懂儿童心理
构思非常巧妙
画质原价是艺术
〈跟 对好老师

〈跟 对好老师
〈乐跟出版社

2. 读书，静坐很好，跳动更美好

声情并茂地朗读
手舞足蹈地表演
万遍不烦地重读
睡前花式巧按排

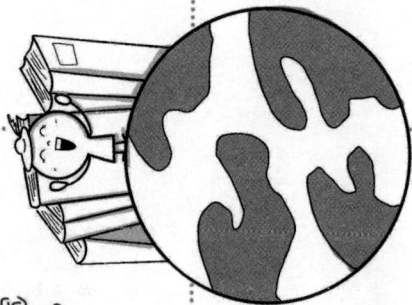

3. 选出让孩子爱不释手的书

4. 为阅读营造美好的体验

丰富家庭藏书量
设定固定阅读角
尊重孩子阅读兴趣
做每卡阅读的父母

〈自主阅读
〈阅读愛害信息，

图 帕利叔桃

0~2岁是玩书游戏期，这个阶段的孩子精细动作还没有发展好，连翻书这样的动作也做不到或做不好，不太可能真正地阅读，但不妨碍孩子喜欢成年人为他们读书。

　　一岁以内的孩子都喜欢有节奏、有韵律，韵脚不断重复的童谣，喜欢听着这样的童谣入睡，喜欢看书中小宝宝的图片，稍大点的孩子看到书里的动物，喜欢模拟动物的声音，再大一点时，两岁左右的孩子喜欢反反复复地读同一本书，会不断在心里或嘴巴里念叨喜欢的童谣，喜欢用书中人物的名字称呼现实中的事物。

　　这个时期，给孩子读睡前故事应该成为生活中的惯例，在家里为他们准备多种材质的书，比如布书、泡沫书、机关书、立体书……丰富他们的触觉刺激，同时培养与书的亲近感。

　　3~6岁是图文阅读期，3岁左右的孩子已经有了强烈的独立意愿，凡事都想自己做，喜欢自言自语，他们喜欢民间故事并和故事里的人物交朋友。到了五六岁时，开始喜欢仙女魔怪、王子公主的故事，男孩子尤其喜欢恐龙，喜欢自行重复的绘本，所以你可能注意到，经典绘本很多都是这样的，比如说《鼠小弟》系列，比如说《棕熊，棕熊！你都看到了什么？》（*Brown Bear Brown Bear! What do you see?*）都是同一种剧情，每一页的变化只是一两个关键词，这类书非常有利于孩子的语言发展。

此阶段，请为孩子筹备家庭图书馆，为孩子准备一个固定的阅读角，不用太大，哪怕书架旁放一把舒服的椅子或沙发，重点是固定；再为孩子准备好纸和笔，有条件的家庭可以为孩子准备一块黑板，让孩子随时尽情地写写画画；每天进行亲子阅读，让它成为睡前仪式的一部分。

0岁阅读不嫌早

说到阅读，更多人觉得那是孩子识字以后的事，或者最起码也要等到孩子能够分清书的正反面再说。事实上并非如此，刚出生的小宝宝就已经能够感受到爸爸妈妈哼唱的童谣，一岁的宝宝更是能够在爸爸妈妈怀里享受半个小时的故事时间，所以亲子阅读越早越好，0岁不早，当然10岁才开始也不晚。

"0岁就看书了啊，是不是太早了，他能读懂什么？"这句话我常常听到我的长辈们对孩子们说。其实0~2岁是孩子的玩书游戏期，这个时期书是他们的玩具，是了解和认识世界的有趣途径。

你可能会有疑问，如果孩子都已经上小学，甚至初中了，还需要关心学龄前的阶段啊？我的回答是一定要关心了解。就像是一栋高楼，无论你现在住在几楼，都免不了要从第一层爬起，任何知识都是有体系的，就算孩子已经长大了，了解每个阶段的阅读特点和提升阅读兴趣的办法，也能够完善知识体系，触类旁通，在孩子当前的阅读或者是学习培养中得到一些启示。

不管是什么种族的小孩，黄皮肤的、白皮肤的、黑皮肤的、棕色皮肤的，生活在中国就能够学会标准的中文，生活在美国就能学会标准的英文，从来没有听说过哪个孩子因为跨越国家，异地生活而学不会当地的语言的。

认知学家们发现小婴儿的耳朵在某些方面其实比成年人灵敏得多，小宝宝有两项先天的神技能是成年人比不了的。

一是能听到的音域比成年人宽。 就是说成年人注意不到高频和低频的声音，小宝宝是能听得到的。人类的语言有5000多种，它们都有自己的频段，有些语言偏高频一些，有些偏低频，女人的声音高一些，男人的声音低一些，小宝宝的先天优势保证了对所有频段的语言都很敏感，不像成年人只对母语频段特别敏感。

二是他们能够分辨出来的音素也比成年人多。 他们能分辨出更多的音素。音素是组成语言最基本的声音元素，每一种语言都有自己的音素，有些可能和其他语言重合，有些是自己语言独特的，比如P这个音素在中英文当中都存在，而且发音方式基本一致，但英文字母L这个音素就是中文里没有的。

如果没有刻意训练，大部分成年人会或多或少地失去对高频和低频声音的敏感性，并只对自己母语的音素敏感，而在分辨母语中不存在其他语音的音素时会出现困难。但是小宝宝却不懂这是外语还是母语，对于他们来说还没有区别，他们天生对各种评论的声音和不同语言的音素都很敏感，能够分辨出来细微的区别，能够听到更宽的音乐，能够辨别出更多的音素，这两项先天的神技能，保证一个婴儿，无论他是什么人种，都能听清并掌握任意一种人类语言。

但这两个听觉神技能，会随着我们年龄的增长而慢慢地失去，想要降低退化速度，必须保持丰富的语言刺激，也就是为孩子提供多于母语的语言环境，如果是非双语家庭可以用英语素材，每天给孩子一定的其他语言刺激，但不建议爸爸妈妈太贪心，刺激太多会造成孩子语言感的混乱，选择一种孩子未来最有可能要学习的语言作为音频补充就好。

孩子听觉的发育比我们以为的要早，尽早地和孩子说话，并开发孩子的语言能力，百利而无害，因为语言发展的第一原则是"理解先于生成"，孩子总要先能理解语言的含义，才能够开始输出自己的语言。这一点并不难理解，所有孩子都是先能听懂话，才能开口说话，孩子说的只能是自己懂的字词、句式，而且孩子以及成年人能听懂的也总是比能说出来的更多。

学说话跟阅读有什么关系？我想说，关系可大了。

0~2岁的小宝宝不可能完成真正意义上的阅读，但**语言是阅读的基础，帮助婴儿更好地发展语言能力是在为养育未来阅读高手铺路**。对于这个年龄段孩子的阅读培养最常见的误区（也是老一辈的爷爷奶奶们坚持认为的）是：**孩子连话都听不懂，连书都拿不住，能读懂什么，谈什么阅读啊**。

国家图书馆文津奖评委阿甲老师在国图举办的儿童阅读指导

培训班中也提到：**婴幼儿主要通过耳朵来阅读，阅读可以从零岁开始，什么时候开始都可以。**

小宝宝都是会从翻身到能坐起，再到能站稳，最后学会走、跑、跳，没有人会期望孩子在床上躺着到二三岁，就直接连蹦带跳地跑。阅读也一样，孩子不可能到能翻书、能识字的年龄自然会阅读，在此之前需要长长的潜移默化的准备期，从生理到心理，真正地为阅读打好基础。

小宝宝的听力特点告诉我们，为小宝宝朗读非常必要，一岁以内的孩子都喜欢有节奏、有韵律、有韵脚并不断重复的童谣、儿歌、诗歌、绕口令，每一种语言都有自己独特的语音特征，这些语音特征都很好地体现在传统童谣和儿歌上。

另外，每一种语言都有各自独特的韵律感，包括语调、重音、节奏。比如你很可能并不懂日语和韩语，但却能够听出它们的差别，依据就是语言的韵律感，而**朗读是培养婴儿母语韵律感的好方法。**

如果你的孩子正处于0~2岁玩书游戏期，可以尝试给孩子朗读有韵律、有节奏的童谣；如果你的孩子已经超过了这个年龄段，可以尝试跟孩子一起听一门外语的音素发音，观察孩子的发音模仿，对比自己，看看他们是不是对音素的辨别能力比你强。

最后欢迎你来到我的社群，分享自己的经验和体会，和其他家长共同探讨，分享你和孩子在阅读中的神秘探索故事。

读书，静坐很好，跳动更美好

我们都知道人的大脑有很多的神经元，神经元与神经元之间的连接错综复杂，如一棵树上的枝芽。

新生儿大脑的神经元不多，神经元之间的联结非常有限。但是在两岁前神经元的增长速度很快，婴儿满两岁时，神经元的数量达到人一生当中的最高值。

随后大脑神经元开始进入修剪期，多余无用的神经元会慢慢消失，有用的神经元会长得更苗壮，并且加固联结，让神经系统运作效率更高。可以看出人的大脑并不是越成熟神经元就越丰富，相反，人类脑神经元数量的发展是从少到多，再由多到少，进而再从少到精的过程。成年人大脑的神经元数量不比小宝宝多，但它们之间的联结却比小宝宝更紧密、更高效。

科学家做过一个极端实验，给一些新生的小猫戴上特殊的遮光镜，使小猫看不到水平线条，当这些小猫长大后摘掉遮光镜，即使看见水平线条也会视而不见，小猫最终失去了看到水平线条的能力，相反，如果要等小猫长大之后再戴遮光镜，虽然戴上遮光镜的小猫看不见水平线条，但去掉遮光镜之后，小猫的视觉就会恢复正常。

实验说明：环境刺激在婴儿期的重要性，父母和家庭环境正常，不太可能造成婴儿终身丧失某种能力，但如果环境刺激比较少和单调，婴儿就好像生长在贫瘠土壤上的果树，肥沃不起来。

爸爸妈妈想让孩子的脑神经茁壮成长，就需要创造丰富的环境刺激，两岁之前，婴儿所处的环境刺激越丰富，大脑神经结构就会越复杂，可供后期修剪的枝条就越多。

显然，丰富0~2岁小宝宝的阅读刺激，有节奏、有韵律的童谣、诗歌对孩子的语言发展格外有益，还需要为孩子提供与阅读相关且丰富的视觉和触觉刺激。

婴儿从出生就偏好复杂的视觉刺激，相对于直线他们更喜欢曲线；相对于二维图片，他们更喜欢三维影像；相对于非人脸的图形，他们更喜欢人脸；相对于陌生人的脸，他们更喜欢妈妈的脸。多彩的图形、脸谱的图片、小宝宝的图片、动物的图片……都是小宝宝喜欢的视觉刺激。经常带孩子出门，去大自然中走一走，会有同样的效果，这虽然看上去和阅读不相关，却是必不可少的视觉刺激，是在为日后的图文阅读打基础。

培养孩子与书的亲近感，可以准备一些抗撕咬的泡沫书、厚板书、布艺书、有趣好玩的立体书、带有发声芯片的读物及不同材质的贴纸书等。

两岁左右的孩子翻书的手法不太灵活，经常一翻半本都过去了，经常分不清书的正反面，却已经能享受书给他们带来的乐趣，能记住自己喜欢的书的封面，能翻开一本书装模作样地读。让孩子的这种乐趣一直延续下去，需要做出至少四个行动。

行动一：声情并茂地朗读

声情并茂地朗读，其实就是全心投入地给孩子朗读。不过一定要控制好语速，慢一点，给孩子时间去关注图片中的细节。

我在和月饼小时候亲子阅读时，童书里的动物形象比较多，我一定会模拟那个动物的声音，会给不同的角色换声线、换调调。我觉得自己读得并不专业，还专门跟着"好奇说"学习了绘本阅读指导，后来才知道其实作为故事妈妈，根本不必对自己的要求那么高，能全心投入地为孩子读就已经非常好了。

行动二：手舞足蹈地表演

手舞足蹈地表演，其实就是在和孩子阅读的时候动起来，比一比，划一划，蹦蹦跳跳，涂涂抹抹，让孩子享受阅读。0~2岁的孩子不太可能一个姿势地端坐在大人面前听故事，抱在怀里的孩子也坐不了多久，肢体活动会帮助他们理解语言的同时产生相应的反应。

和月饼小时候一起读《和动物一起做瑜伽》绘本时，小男孩和小猫尼诺一起学各种动物做瑜伽动作，每次读我和孩子都会把里面的动作全套去学一遍，孩子有时候还会即兴加一两个动作扩展一下，虽然我觉得挺累的，但是月饼很开心，每次都哈哈大笑。

行动三：万遍不烦地重读

万遍不烦地重读，其实就是耐下心对同一本书反反复复地读，哪怕"一万遍"。因为反复读一本书是学龄前孩子的普遍特点，有助于积累词汇量、掌握句型、掌握语言节奏韵律、提高阅读流畅度、提升阅读理解力；还能够带来阅读的安全感、舒适感和纯粹的阅读快乐。成年人在看绘本童书时常会觉得太简单而忽视了孩子的理解力，其实就算很简单的绘本童书，孩子也要有消化理解的时间。

行动四：睡前仪式巧安排

国内一、二线城市人群的快节奏生活，让很多父母即便想多跟孩子读书，也常常心有余而力不足。如果很难再挤出更多的时间，但最少要保留睡前20分钟到半个小时的亲子阅读。睡前亲子阅读的好处，不仅仅在于阅读兴趣的培养，这种仪式感一旦培养起来，一方面能够拉近亲子关系，另一方面能够让孩子更好地进入阅读准备状态，在孩子成长的过程中，几乎家家都要上演睡前大战，因为孩子不肯上床或者上了床也不睡觉，引发了亲子战争，而睡前亲子阅读是非常有效的预防未来战争的方案。

大脑的神经元会在两岁达到数量巅峰，随后进行自我修剪，这个规律给我们带来的启示就是要丰富宝宝阅读环境的刺激，包括听觉的刺激、视觉的刺激、触觉的刺激。

0~2岁是孩子阅读的准备期，对于这个年龄段的孩子来说，书籍和其他玩具是同等重要的东西，是供孩子游戏娱乐的，所以不要认为孩子还不能读书而忽视了给孩子准备书，两岁前获得的环境刺激越多，大脑神经就会更加蓬勃地生长，为日后的神经修剪提供丰足的枝叶。

最后，我想听听你的故事，你和孩子一起共读吗？你们一起共读时有什么趣事发生吗？又或者是你在亲子阅读中有没有遇到什么样的难题？欢迎来到我的社群，分享你的经历。

选出让孩子爱不释手的书

3~6岁是图文阅读期，这一时期孩子们的主要读物是图画书和漫画书。此阶段的孩子语言发展已经走过了单字阶段，双字阶段发展到电报语阶段。他们说话时不会再像0~2岁那样一个字或者一个词地蹦出来，而是用词组组合成精简短小的简单句，说出来的话好像是在发电报一样。这三年里，他们的语言能力突飞猛进，成为一名"烦人"的小话痨。

此阶段的孩子能正确地拿书、翻书，知道书的前后反正，知道文字的阅读顺序，读图能力也是不可小觑的，给他们一本无字的图画书，编出来的故事很可能让你大吃一惊。在文学鉴赏力上，也不再只是单纯地喜欢有韵律、韵脚的童谣、儿歌，他们已经意识到了韵脚的存在，甚至会自己作出一首小诗来，还喜欢朗朗上口的广告词，喜欢句型简单重复的绘本。

大多数经典的绘本就是基于这个阶段孩子的语言特点和阅读习惯设计的，比如《可爱的鼠小弟系列》《彩虹色的花》《*Brown Beer，Brown Beer! What do you see*》……他们都是重复某一个句型，每一页只变化一二个关键词，这类书非常有利于孩子的语言发展。

不过现在市面上图画书的品类繁多，质量参差不齐，好的图画书其实需要具备一些特点，这样更有利于培养小小阅读高手。我个人认为好的图画书至少有5个特点。

特点一："图×文"来呈现

好的图画书一定是以"图×文"进行呈现的，图画不是文字的解释，而是文字的补充，甚至图画和文字能够分别讲述不同的故事，但最终又融合成一个更完美的故事，好的绘本不是简单的"图+文"，而是"图×文"来呈现的。

《母鸡萝丝去散步》就是"图×文"的典范："母鸡萝丝出门去散步，它走过院子，绕过池塘，越过干草堆，经过磨坊，穿过篱笆，钻过蜜蜂房，按时回到家吃饭。"

文字非常直白平淡，但配图却讲述了一个惊心动魄的狐狸偷鸡的故事，图画和文字合在一起，让孩子笑得前俯后仰。

当然引进版的经典绘本的中译本在文字上普遍存在一些缺陷，翻译时会有部分遗留症。理想的绘本文字应该是浅显的，涉及到的事物应该是幼儿熟悉的，但这个故事里，"萝丝""池塘""篱笆"等文字的字形复杂、难认、带点文艺腔，不是幼儿习惯的口语形式，"干草堆""磨坊""蜜蜂房"也不是中国幼儿，尤其是城市幼儿所熟悉的。这本书的英语原版的单词基本是短音节，动词是常用口语动词，名词则是欧美农场常见的事物。

所以在给孩子朗读翻译后的经典的绘本时，应该格外注意因为中外语言习惯和文化环境不同，翻译不够本土化的地方，对那些孩子可能不熟悉的事物要给予适当的解释说明。

特点二：经得起反复读

好的图画书必须经得住反复阅读，且不断地释放出新信息，我的儿子月饼现在就特别喜欢德国精选科学图画书系列的知识类图画书，比如《牙齿大街的新鲜事》《大脑里的快递站》《皮肤国的大麻烦》《肚子里有个火车站》，插画不花哨且有趣，设计和编排都别具匠心，书里隐藏着各种小花招，牢牢地抓住孩子的注意力，又有趣又能激发孩子的求知欲，每次打开图画书孩子都能够发现一些新的东西，且百看不厌。

特点三：设计贴心，懂儿童心理

好的图画书肯定是懂儿童心理的，它会根据不同年龄段孩子的认知水平去讲故事，而不是从成年人的习惯角度去讲故事，3~6岁的孩子普遍还没有走出"自我中心思维"，他们会经常意识不到自己能看到的东西，也意识不到自己经历的事。

因此，孩子给你讲幼儿园里发生的事情，他们在跟你分享的时候都是觉得你是全程陪在他们身边的，会说得你一头雾水，不知道他们在说什么，也就是说孩子也会认为自己看不到的东西别人也看不到。比如玩"捉迷藏"游戏，他们往窗帘里一钻，拉上窗帘就以为自己藏好了，全然不顾自己的小脚还露在窗帘下面。

好绘本，无论是文字还是图画都会充分考虑孩子的认知局限。比如绘本《1只小猪和100只狼》，封面交代了狼的视角，他们躲在一棵大树后面，一边窃笑，一边观察着远处的小猪。

一看到封面，孩子就知道狼的存在。但是如果不交代小猪的视角，孩子就有可能认为小猪和他们一样，知道森林里有好多狼，不明白为什么小猪知道有狼，还要走进林子，但是绘本在扉页中已经主动交代了小猪的视角。大灰狼躲在树后，小猪看到的只是空空的树林，这样视角一变换，帮助孩子消除了理解障碍，也走出了自我中心的思维。

特点四：构思非常巧妙

好绘本的图画一定是构思巧妙的，使孩子能看懂更多的图画书。其实熟练掌握了文字的成年人，会部分失去对图画的敏感度，成年人更倾向于从文字中获取信息，图片或图画只是参考，但不识字的孩子对图画的关注程度远比成年人更投入、更细致。我给月饼读绘本时，他就会常常指给我被我遗漏的细节，甚至从这些细节里还有他自己理解的故事。

我的一位在"好奇说"做绘本阅读推广的朋友雪丽，跟我分享了一件典型事例，她在带几个孩子读《三个强盗》的故事时，每个孩子都读出一点她没有注意到的内容，且从图片上就得出了故事的结论，强盗的斗篷开始是黑色的，后来变成了红色的，强盗的心也从黑色的变成了红色的，说明原本邪恶的强盗，后来变得光明了，开始拿着武器的强盗最后武器却不见了。这就是好绘本的巧妙构思之处。

特点五：画质精良

好绘本画质精良，每一页都可以算得上是艺术品。曾经有位家长问："绘本中有很多动物都卡通化了，会不会造成孩子对真实动物的误解呢？"。

看完这位绘本专家做的一个关于"劣质绘本"的小实验，答案自然出来了。他用软件画了个圆脸，上面画上短发，就是个小男孩；画两只羊角辫，就是小女孩；画上两只长耳朵，就成了兔子；长耳朵变成小金耳朵，就变成了猫。他说："这就是劣质的，是电脑绘图软件做出来的图画书。"而好的图画书，就像上面提到的母鸡萝丝、小猪和狼一样，再怎么简笔地画，也不失动物的神韵，同时还拥有艺术的美感。

因此，当给孩子选择绘本时，牢记以上五个特点，孩子一定爱不释手，阅读行为就自然发生了。

如果你觉得太复杂，还有两个更简单好用，能帮助你快速做出选择的办法。

办法一：跟对好导师

权威人士推荐过的绘本，可以拿来借鉴。中国儿童文学研究专家、中国绘本研究的大家彭懿老师写的《图画书——阅读与经典》以及《图画书应该这样读》，这两本书会教你如何欣赏绘本，如何给孩子讲绘本，并且书里提到的每一本绘本都是精品。

《图画书——阅读与经典》这本书里提到的所有的绘本我基本都买回来，作为我家两个孩子的藏书，不可否认，现在也都是月饼和饼干两个小朋友书架上的最爱。当你看过这些经典的绘本，就多少具备甄别绘本优劣的眼力了。

办法二：紧跟出版社

中国少年儿童出版社在童书出版界的地位是无可置疑的。二十一世纪出版社的童书更是质量优秀。蒲蒲兰和信宜是中国绘本界的先驱，中国第一批优质的绘本就是他们出版引进的。接力出版社、启发出版社、蒲公英图书馆、爱心树童书馆出版的经典绘本也非常值得借阅。

为阅读营造美好的体验

作为家长的都知道，3~6岁是习惯养成的关键时期，阅读习惯也不例外，可到底怎么帮助这个时期的孩子养成阅读习惯，在心中埋下爱阅读的种子呢？

小时候我们全家跟着爸爸住在集体宿舍，我们家在苏中的农村，生活谈不上窘迫，但并不富裕。我刚刚上小学时，镇上有一家新华书店，到现在我都还记得每次推开都店木门那一瞬间的喜悦。一打开那扇沉重的木门就是一个巨大的书架，书架两旁陈列着笔墨纸砚，书架上满满的都是我喜爱看的小人书，书架下面放书的柜子可以坐，那个时候识字不多，主要是看图，连蒙带猜，但是看得很快乐，也很开心。不花钱，坐在里面可以消磨整个一下午。

在不知不觉间，从窗户漏下来的一缕阳光，从书架一点点爬到最后一排，很多个下午的时间就在阅读中偷偷地溜走了，特别是暑假，直至书店关门，脑袋里塞着满满的悟空、八戒、儿童团、游击队，还有一些糊里糊涂的爱情故事往回走，一路上回味着某段情节，脚下生风，心满意足，这对童年的我来说，弥足珍贵，心里感觉无上的富足和圆满。

这是我自己的故事，曾经被书温暖过，一看到书想到的都是美好，所以我认为培养孩子阅读习惯首先要**让阅读的记忆只与美好相连**，让阅读的记忆成为一种温暖、一种安宁、一种享受、一种满足。

要想达到这种效果，为阅读营造美好的体验和记忆，可以做出以下四个行动，如果都能做到的话，你就在孩子的阅读记忆里营造了温暖的光，它将会照耀孩子一生，使孩子成为一个终身爱书人。

行动一：丰富的家庭藏书量

一般而言，家里没有书，是谈不上培养阅读习惯和享受阅读之乐的。

最基础的条件也得家里有个小书架，条件好些的，最好是给孩子准备自己单独的书架，即使孩子不得不和成年人共用一个书架，那书架底层应该开放，让孩子不爬高，不求人，就能自己拿到所有需要的书。

另外，孩子书架上的书不要放太满，他们的精细动作还没有发展完善，太满了挤得太紧，孩子抽不出来，不方便放回去，产生畏惧感就无意义了。

那多少的藏书量较为合适呢？对学龄前儿童而言，正常

50~100本的藏书量是比较合适的，孩子阅读能力特别强，肯定是越多越好了。

有教育专家提出，孩子的藏书量应该是孩子平时阅读书的5~10倍，这样他们才有可能在不经意间，抽出一本书来读，从而不断地扩大自己的阅读量和提高阅读兴趣，当然如果能根据孩子的具体情况来定是最好不过的了。

以我个人经验而言，我的儿子月饼3岁左右时，我突击扩大他的藏书量，但效果并没有预期那么好。后来我总结，因为太多的书和太多的玩具一样，都有可能造成孩子专注力分散，结果适得其反。

后来根据月饼的阅读习惯，我更换了策略，保持他自己的书架上一直有五六十本常看的书，隔一段时间（正常是1个月左右）我会拿出几本新书进行替换，换掉他不太看的书，有些新书他不喜欢，我也会放一段时间，之后再撤掉，这样不断地推陈出新，撤掉的暂时不要马上送人或丢掉，有可能再过一段时间又喜欢了，因为孩子的阅读兴趣时时都在变化。

想要拥有丰富的藏书量，一定不能回避金钱问题。其实儿童图书并不便宜，好的绘本即使打折后，仍然还需要二三十块钱。在不构成财务上负担的情况下，对孩子喜欢的书给予无条件的资金支持；资金紧张其实也不是没有办法，可到社区图书馆、各类绘本馆借阅，现在的线上图书馆和绘本馆服务也非常好，比如

"好奇说""爱阅公益"等，定期去借一批书放在家里，或者和朋友互相借阅，这样可以充分利用二手书。

行动二：设定固定的阅读角

如果孩子有自己独立的房间，阅读角会比较容易布置，在孩子的书架旁或在床头都可以。如果孩子没有独立的房间，花点心思就行，固定一个舒适的地方，无论白天还是晚上，都有柔和、明亮不伤眼的光源，靠近书架，远离电视、电脑等干扰源，能适合孩子独自阅读，能满足亲子阅读的需要。

我儿子月饼的第一个阅读角是在客厅阳台窗前，有一端是他的小书架，地上有地垫，可坐可趴，后来自己可以自主读书时，他仍喜欢坐着或趴着，在书架前的地板上或沙发上看书，亲子阅读时一般是在他的床上。

显然，一个温馨舒适的阅读角，可以为阅读营造美好的体验，帮孩子在身体和精神上都能够享受乐趣、体验美好。

行动三：尊重孩子的阅读兴趣

3岁的孩子喜欢问"为什么"，求知欲超强。在书籍的选择上，能解释奇奇怪怪十万个为什么的信息类图画书很适合他们。4岁左右的孩子会喜欢各种各样的民间故事、童话故事，还会和故事里的人物、动物交上朋友，因此文学故事方面的可以多多涉及。到了五六岁的时候，大多数孩子会被仙女魔怪、王子公主的故事吸引，故事里的人物如果和他们年龄相仿，名字又比较有趣，性格脾气淘气又调皮，能激发他们的兴趣，比如皮皮鲁、巴克队长、突突兔、达西西……都是这个套路。

不过，父母在这个阶段要照顾到孩子的两层阅读需求。

第一层需求：自主图画阅读。此时他们具备了读图能力，在没有成年人的干预下阅读无需文字阅读能力的图画书，比如《跑跑镇》《睡睡镇》或者《I Spy视觉大发现》……还有那些家长已经给他们反复读过很多遍的书。

第二层需求：渴望复杂的信息。此阶段，他们能读图，文字阅读能力不足，可是小小的心灵却渴望那些比绘本、图画书更复杂的故事和知识，这个需求，必须要通过亲子阅读来满足，用音频故事来做补充，用视频画面来引导，用手工操作来提兴致。

在家长群里，有家长会问，我们家的孩子不喜欢读知识类科普书怎么办？我们家的的孩子只喜欢看科普书，不喜欢看故事类的书应该怎么引导？我想说的是，**这个年龄段的阅读，培养阅读的乐趣和兴趣比读什么更加重要**，所有的育儿经验讲的都是普遍的规律，在这个世界上，没有任何一个孩子是完全照着规律长大的，你的孩子很可能某些情况合乎普遍规律，某些情况完全不同。

如果孩子只喜欢读科普书，那就多添置科普书；如果孩子喜欢故事书，那就多读故事书，好比孩子偏食，你可以把孩子不爱吃的食物做得漂亮些，看看能不能"骗"孩子多吃几口，假如你掐着脖子硬喂，就不符合人性了。

尊重孩子天生带有的阅读兴趣，多引导，但一定不要强掰、强逼、强扭，俗话说强扭的瓜不甜，孩子阅读也一样。

行动四：父母每天也要阅读

这个行为，你可能会坚持不下去，但也请你坚持，坚持每天给自己一点阅读的时间，成为孩子的阅读榜样，给孩子营造一个好的氛围。

想要孩子做什么，最有效的途径就是父母自己先做到，你自己做到了，孩子能不能做到，还要看你的教育和引导到不到位，学校、社会大环境是不是有利；如果你自己都做不到，却逼着孩子去做，大概率就是缘木求鱼，必将劳而无功。

培养阅读习惯也是一样。想要孩子爱上阅读，父母先要自己爱阅读，如果孩子看到父母拿起书都那么困难，孩子怎么可能会把阅读当成一件轻松愉快的事呢？

其实无论你的孩子多大，以上四个行动都可以做起来，如果你还没有做，或只做了一个，那就从现在开始行动，**种一棵树，最好的时间是很久以前，其次就是现在！**

如果你有什么妙招可以把阅读与美好联系在一起，无论是你孩子的经验，还是你自己的亲身经历，或是你听到、见到的他人的感悟，欢迎到社群来与大家进行分享。

第4章

7~10岁，书是孩子的认知工具

提高阅读解码能力，没有其他捷径，多读、多练也许是唯一的办法。

如果孩子有喜欢反复读的书，正是他们享受阅读以及读懂了的表现，千万别阻止，别以为反复读同一本书是浪费时间。

小学低年级的孩子处于解码阅读期，孩子入学后进入识字及文字阅读期，这正式开启了校园生活，也扩大了孩子的社交面和知识面，孩子的理解力也进入了新阶段，他们开始能够理解更多的书面语言和更加复杂的故事情节，仙魔童话不再能够满足他们的要求，他们开始对反映现实生活的故事发生兴趣，同时开始喜欢非故事性的信息类图书。

在小学一二年级的词汇积累要丰富孩子的读书类型，一方面家庭图书馆的藏书要从绘本向图文书各类型的桥梁书过渡，并用以文字为主的篇幅稍长的章节作为亲子阅读的材料，另一方面除了故事书还要增加信息类图书，及时满足孩子的天然兴趣，同时也可以丰富孩子的词汇量，还可以和孩子一起编故事，让孩子写日记，为孩子使用学到的字词创造更多的机会。

小学中年级的孩子处于危险过渡期，这时孩子已进入四五年级，他们已经完成了常用字词的学习，与英语语系的孩子的教育进度大体一致，就是说9~10岁孩子的识字量已经能够应付大部分童书的自主阅读了。但这也是培养阅读习惯的危险期，各国教育界的数值都不同程度地表明，在学会阅读之后，孩子们的阅读量不升反而会降，这种现象称为四年级的滑坡现象，在英语语系的国家称为从学习阅读到从阅读中学习的一道坎，孩子的学习重心从学习怎么去阅读，变成了如何从阅读中去学习，这是一个质的变化，孩子的学习从这里就要开始分道扬镳，渐行渐远了，不能顺利地翻过这道坎的孩子，到中学时会有很大可能跟不上学业。

在小学中年级的危险过渡期，亲子阅读绝对不能停止，即使孩子已经能够自主阅读，这时父母的陪伴仍然不可或缺，可以是父母朗读。这时如果孩子的阅读兴趣开始降低，可以为他们准备类似的故事性特别强的系列书籍，吉尼斯世界纪录大全、百科全书类的信息类书也会是他们喜欢的，另外，他们不喜欢悲剧，最好选择大团圆结尾的故事，或者是干脆是幽默的笑话。

提升认读解码能力有捷径吗

0~6岁是在为文字阅读做准备，从孩子上学的第一天，真正的文字阅读时代就正式拉开序幕了。

首先就是认读解码，认读是认识并读出字词，解码就是把认出来的字词放在句子里，从而理解整句话、整段文字。认读解码能力包括认读能力和解码能力，即看到一段文字之后，从辨认出每个字到正确并合理地把字组成词或词组，再到理解文字的表面意思的能力。

其一，认读能力——享受文字阅读乐趣的根本保障

拥有很强认读能力的孩子，对字词的形、音、义三要素，有非常快的反应力和非常高的精准度，能准确辨识字形相近，同音异义，易混淆、易读错、易写错的字、词，这也是孩子能否享受到文字阅读乐趣的根本保障。

比如，一个人用播音员一样的标准口音和正常300字/分钟左右的语速说话，另一个人用含糊的地方口音50字/分钟左右的语速

且结巴地说话，哪一个人说的话你更容易听懂？更有耐心听下去呢？答案很显然是前者。而认读能力不达标的孩子，他们的阅读就好像在跟后者说话，难以体验到文字阅读的趣味性。

其二，解码能力——影响阅读学习能力的重要途径

拥有很强解码能力的孩子，能迅速把句子里的词和词组提炼出来，能觉察到错字、病句，能准确理解一段话的字面意义，能发现比较明显的条理不清晰的文字，这一条直接影响到孩子的学习能力，比如这段话：

"船上的人，有钱的和没钱的都友好相处。大副对我像对待仆人，我们大家都很平等，像个友好的大家庭。"

解码能力强的孩子，一眼能读出"大副对我像对待仆人"这句跟整段话的含义正好相反，而解码能力弱的孩子读完可能会觉得没错别字，语句通顺，这就说明孩子并没有读懂，读不懂，必然会带来学习困难。

认读解码能力是文字阅读最低级的能力，是整个阅读过程的基础，阅读解码能力弱的孩子，当进入下一个阶段，也就是危险过渡期时，学习滑坡的可能性比较大。

很多家长在评判孩子阅读能力时，比较重视识字量，喜欢提前学，抢跑学，和学校教育比赛认读能力，却忽视解码能力的培养，但其实家庭教育和学校教育是各有分工，各尽其职的，学

校教育负责教孩子认读，家庭教育则负责引导孩子多读书，读好书，提高孩子对字词的解码力。

学校老师有丰富的教学经验让孩子学会识字，而在学校由于课时有限，进行大量阅读去提升孩子的解码能力基本不太可能，这就需要家庭教育去弥补了，对于现在"双减"政策下的孩子，空出的多余时间正好给了孩子更多阅读的机会。

提高解码能力，没有其他捷径，多读、多练也许是唯一的办法，具体可以通过下面的四种方式。

方式一：朗读

孩子的耳朵能听懂的总是比眼睛能看懂的多，耳朵掌握的词汇远远大于眼睛掌握的词汇，因为所有孩子都是先掌握了声音的语言，才开始学习文字语言，解码能力很重要的一部分，是把字形转到字音的能力，训练这个能力的办法就是朗读，每天朗读课文是非常好的习惯，非常值得培养。

还可以让孩子选自己喜欢的故事、诗歌、杂志、报纸给全家朗读，适时地给孩子掌声和鼓励。

方式二：重读

重读，既能提升孩子的认读解码能力，又能提升对文字的理解能力。玩书游戏期的孩子喜欢反复读同一本书，这种爱好会一直保持到小学中高年级。每一个阶段，每一段时期，孩子总会有几本最爱的书，时不时拿出来翻一翻。

如果孩子有喜欢反复读的书，正是他们享受阅读以及读懂了的表现，千万别阻止，别以为反复读同一本书是浪费时间。

方式三：扩读

扩读，顾名思义就是扩大阅读范围。孩子上学以后，社交面和知识面都会逐渐扩大，理解力进入新阶段，渴望更复杂的情节、能反映现实生活的故事、非故事类的信息知识图书，所以丰富孩子阅读的图书类型，扩大阅读范围非常有必要。

一方面，家庭图书馆的藏书要从图画书向桥梁书过渡，用以文字为主的篇幅稍长的章节书作为亲子阅读的材料，另一方面，故事类图书和信息类图书都要有，这样既可以满足他们天然的阅读兴趣，也可以丰富他们的词汇量。

方式四：杂读

杂读，就是不要把阅读局限于图书，日常生活中需要阅读的有很多，比如老师发的通知，所买玩具、书桌、家具用品的说明书，出门点餐吃饭的菜单，随处可见的宣传语和广告……都能成为孩子的阅读素材，事实上人的一生中80%以上的阅读都是这种生活性信息性的阅读，多鼓励孩子在日常看到的文字中，寻找自己认识的字词，将学到的字词场景化呈现。

当然，别忘了他们现在还是孩子，是有认知局限的，在此阶段，只能理解字面含义，还不能理解深层意思。

比如，老师进了教室说"教室真是太吵了"，高年级的学生马上就能够明白老师的潜台词是"安静"，会立马做出回应——闭嘴，但一年级的小孩很可能听不出这层话的意思，说话的还是在说，打闹的还是在打闹。

在亲子沟通时一定要注意，别对孩子说双关语，别对他们的理解力预期太高，更不能强求孩子理解弦外之音，会引起或激化亲子矛盾的。比如别对孩子说"你看看，你的屋子乱得像个猪窝"，而要说"我看到你的房间好乱，请你把房间收拾一下，把玩具放进玩具箱，衣服放进衣柜，书放到书架上"，说这样带明确指示的话，孩子才有可能采取具体行动。

问题提得好，阅读更深入

鼓励孩子阅读，最终目的是让孩子从阅读中学习并获得思考的能力。而好问题能鼓励他们超越故事的字面内容进行深入思考，不过在家庭阅读中我不赞成不断地给孩子进行考试形式的提问。

在家庭阅读中，你们的沟通应该是温馨平等的，态度是诚恳专注的，孩子的表达无论是否流畅、是否得体，父母都应认真去倾听、去欣赏、去接纳，不要漫不经心，更不要不断挑刺、否定，坚决拒绝打击。

如果你会演戏，自己扮演成一个热切期待好听的故事或有趣的知识的孩子，用问题去挖掘故事内涵或深层含义，那就超级棒了。

先来了解一下"直接性问题""间接性问题""关联性问题"这三组概念（表4-1）。

直接性问题是直接从阅读的内容中找到答案的问题。

间接性问题是不能从文本中直接找答案的问题，需要依据书中内容提供的信息开动脑筋寻找答案，将思考更加深入些。

关联性问题是把书中内容与读者已有的知识结合起来的问题。学习任何新知识，只有把它与已掌握的知识联系起来时，新知识才能真正被理解和掌握。学了就忘了，往往是因为与已有的知识没有建立好联系，提出关联性问题可以加深理解，让思考更加深入。

三类问题是层层递进的，一层比一层需要更多更深入的思考，所以你在和孩子聊书时，尽量做到对一篇文章，一次只专注一个话题，为这个话题准备一组问题，涵盖从直接问题到间接问题再到关联问题，引导着从浅入深地思考，把一个话题聊透。

比如，关于一个故事，可以这样问。

直接性问题——"谁是这个故事的主角？"；

间接性问题——"你喜欢他吗？喜欢或者不喜欢他什么？"；

关联性问题——"你觉得他跟你认识的谁会比较像？为什么呢？"。

按照故事类读物和知识类读物的分类，有两组万能的问题可以用，当然，你能够自由地发挥更好，根据自己孩子的年龄、阅读的水平、阅读的能力以及所读文本的难易程度调整问题的角度和难度就更棒了。

故事类的读物可以参考下方列表中的问题，在使用的时候切不可照本宣科，而是要领会问题意思之后，用自然的语言、语音和语调，在和孩子平等的对话当中，自然而然地问出口。

表4-1　三类问题

直接性问题	间接性问题	关联性问题
谁是这个故事的主人公？	你喜欢或者不喜欢他们什么？	你觉得他跟你认识的谁比较像呢？为什么？
故事主人公遇到了什么麻烦？	他解决了这个问题吗？怎么解决的？	你遇到过类似的麻烦吗？或者你知道有人遇到过类似的麻烦？你们是怎么解决的？
假装我没有读过这个故事，请给我讲讲这个故事吧？	这个故事里你觉得最有趣最难过最感动的故事情节是什么？你觉得作者为什么要讲这样一个故事？	这个故事让你想到了什么？跟你有什么联系？你过去读过的书里有哪些内容跟这个故事相关？
故事的结局是什么？	你猜到这个故事的结局了吗？是什么使你猜到或者没猜到这个结局呢？	如果让你重写一个结局，你会怎么写？
故事里哪些是不可能在现实中发生？	作者为什么要写这些不会发生的事呢？	如果这些事情真的发生在你的生活里，会出现什么情况？
这个故事发生在什么时候什么地点？	为什么这个故事会选择这样的时间或地点呢？	关于故事发生的时间地点，你还知道哪些故事或知识？
这个故事的作者是谁？	这个作者还写过什么故事？	你还会看这个作者写的其他故事吗？为什么？

　　知识信息类读物是用描述、说明、解释等手法进行知识和信息传播的，它的提问跟故事类一定不同，而且几乎所有的问题都要归结于具体知识或信息点。

比如，孩子在读《DK儿童迷你百科全书》里面的哺乳动物这一章，可以问下面的这些问题。

直接性问题——哺乳动物是什么意思？书里提到了哪些哺乳动物？

间接性问题——你还知道哪些动物是哺乳动物？哪些动物不是哺乳动物？

关联性问题——关于哺乳动物你想到了哪些故事？哪些电影和个人经历？

再如，孩子在读"太空系列"——太阳系方面的书，可以这样问。

直接性问题——太阳系最远最近的行星是哪一个？

间接性问题——书里讲到的给你留下最深刻的印象是什么？

关联性问题——太阳系有哪些知识是你知道的书里没有提到的？

说到底，提问是通过层层递进的方式引导孩子由浅入深的思考，一定要让孩子与自身的经历、已有的知识建立关联，才能促进知识的积累，感受阅读与自身的关系，体验到阅读带来的兴奋感。

只要你掌握了这三类问题的核心技巧，恰当地调整一下问题的难度，从四五岁直到孩子成年都可以通过这个方法帮助你和孩子从容地聊书。

你把问题抛出来之后，就看孩子表现了，孩子的表达能力是有限的，不能期望他们在表达时总是条理清晰、尽善尽美，因为这个年龄段的孩子在表达上有一个重要的认知特点，就是还处在以自我为中心的表达方式里，也就是以"我自己懂"的方式进行，他们意识不到别人知道什么不知道什么，也意识不到自己讲的东西，别人可能听不懂。

比如孩子在讲这个故事：小明和小红一起出去玩，"他"看到树上有一只鸟特别漂亮，就指给"他"看。孩子自己心里知道"小红"看到了一只鸟指给"小明"看，但在讲的时候却意识不到都是"他"，听的人是分不清谁是谁的。

这种类似的小错误，在学龄前孩子中广泛地存在，由于认知发展水平的缘故很难纠正，但到了入学年龄，虽然仍会犯这种错误，不过稍微提醒和解释一下，孩子就能够理解到问题的所在了。

因此你在倾听孩子的回答时，要接受孩子因为年龄的认知局限，在表达中会犯各种成年人眼中很幼稚的错误，不要着急、不要批评，更不能嘲笑；可以温和地请孩子澄清一些含糊的有歧义的表达，让孩子意识到自己的表达，在别人听来不是自己以为的那样；对孩子的回答切记不要急于纠正错误，更不要急于道德批判。如果孩子说得违背常理，也请先听孩子说完，再提示孩子重新思考，尽量让孩子意识到自己的不对。如果孩子有不合乎常理的想法，往往是因为他们的经验有限，见识有限，或者听说了什么不合适的话，而不是因为真的心存恶意。

　　弯下腰，蹲下来，听听孩子到底是怎么想的，引导孩子走出个人经验，或发现孩子接触到的不良信息是怎么回事，这样做比直接否定或批评指正要好得多。

　　你曾经有什么问题启发孩子进行深入思考过吗？或你的学生时代有没有谁问出那种醍醐灌顶的问题，让你对一本书、一部电影或一门课茅塞顿开，欢迎你来到我的社群分享你的经验和体会。

从"学习阅读"到"从阅读中学习"

9~10岁的孩子处于危险过渡期，在我国，四年级的孩子基本完成了常用字词的认读，K12教育（指基础教育）的进度也大致同频。

这时的他们已经能够认读大部分童书了，也许你觉得在阅读上走入了正轨，终于可以松口气了，却没有想到前方居然有滑坡断崖的危险。

孩子的阅读能力和阅读量从幼儿园到小学三年持续提高，但到四年级时会突然下滑，阅读兴趣出现一蹶不振的现象，一些孩子的文科成绩甚至不升反降。

"四年级滑坡现象"一开始只针对英语语系国家的孩子进行研究，但随着对这种现象的深入研究，专家们发现其他国家的语言学习，孩子在这个阶段也出现类似的滑坡现象。

在对这个现象深入研究之后，教育研究者找到了问题的原因。学校教育是从"学习阅读"开始，当完成基础的认读教育后，重点转向了"从阅读中学习"，这是一个质的变化。顺利地适应了这个过渡和转型的学生，从此会成绩越来越好，转型困难的学生则会成绩越来越差。

如果接下来的几年，转型困难的学生不能适应过渡，将会雪上加霜，八年级的时候会再一次遭遇断崖跌落，各门学科都很难跟上正常的学习进度，可能导致高等教育无望，甚至还有可能会辍学，在个人成长方面也容易面临生理、心理以及情感上的困难。转型难的原因很简单，主要有两个方面。

一方面，主观上对阅读理解的忽视。小学低年级不论是学校教育还是家庭教育都普遍重视认读教育，特别看重字词的积累，把认字组词看得很重，这就在无意中给孩子造成了一种错误，阅读就是认读，只要能顺畅地认读下来，阅读这件事就算完成了。

另一方面，客观上理解能力的缺失。小学低年级的学生由于认知发展的局限，往往还停留在只能读懂字面意思，不能理解字词的潜在意思，这个局限如果不能突破，随着孩子升入高年级，接触到的文本难度越来越大，读不透、读不懂的情况就会越来越严重。

关于提升理解力这个问题，除了和孩子聊书，还有一个办法就是提升阅读元认知。

在心理学里面，常常会有"元XX"的说法，包括现在所谓的"元宇宙"也是非常热门的，听起来非常高大上，其实意思很简单，"元XX"就是关于那个"XX"的知识，元认知就是关于认知的知识，关于"知识是什么，人又是怎么掌握知识"的知识。

元认知对于学习效率的影响至关重要，孩子掌握得多、运用得好，学习效率就高，孩子从出生就天然具有认知能力，能学会说话，学会玩玩具，学会阅读。

孩子的元认知意识却萌发得较晚，比如孩子一出生就知道饿了要吃，没得吃就哭。但绝对不会去想为什么人会饿，为什么饿了就得吃饭，为什么不是去睡一觉，吃了饭身体会有哪些变化？

没有元认知意识的孩子，在做一件事情的时候往往会认死理，一种办法用到黑，哪怕行不通，也不换办法，甚至你教他们用另一种办法，他们也不肯用，别以为孩子只是执拗，其实是孩子还不能够理解两种办法有什么差别以及为什么会有差别。

元认知萌发后，最明显的现象就是孩子开始懂得学习一项技能有不同的方法，有些方法比另一些方法有效，一些方法适用于这种情况，另一些方法适用于那种情况，甚至会觉得孩子懂事了、开窍了。

阅读也是一种认知。关于阅读的元认知，孩子也不是一开始学习阅读就能认识到的，讲不出大意，记不清细节的孩子，就算是掌握了阅读这种认知能力，对阅读到底是要干什么，以及怎么样才能够更有效地实现这个目的是没有什么概念的。

关于阅读最重要的元认知就是要让孩子知道阅读的核心是理解，要懂得自己读的内容在说什么。阅读研究者把阅读理解的元认知策略总结为三个。

策略一：阅读前的计划

阅读应该是有计划的，要让孩子知道，在开始阅读之前先想一下自己这次阅读的目的是什么？阅读一本小说和阅读一本科普书，目的极有可能是不大一样的，即使同样是读小说，为了放松一下看个好看的故事，还是为了完成作业或参加阅读活动，阅读的方法也是不一样的。

这个年龄的孩子已经能够理解阅读可以有不同的目的和不同的方法，但往往无法主动构想阅读计划，这时如果你给孩子一些提醒，孩子会慢慢地学着把这项元认知给运用起来。

策略二：阅读中的监控

不是所有孩子都天然知道阅读是为了理解，还没有培养出良好阅读习惯和阅读能力的孩子，不会自然而然就知道，在阅读的过程中要监控自己的理解程度，所以在这个方面你要引导孩子，边读边在脑子里问自己一些问题。

"这个生字或者生词大概是什么意思？"

"这段话到底是在说什么？我读懂了吗？如果没有懂，哪里没有懂？"

"没有懂的内容应该怎么办呢？是继续读下去，看看后面有没有解释，还是倒回去重读，还是找人去问？"

学会监控自己的理解程度，是成为一名成熟阅读者的关键一步。

策略三：阅读后的调节

书翻到最后一页了，一次阅读就结束了吗？并不是。合上书本之后孩子能够意识到：我能用自己的语言把我看到的东西讲出来吗？我完成了预想的阅读目标了吗？我从这次阅读中获得了什么？我是怎么做到的呢？通过这样的问题进行阅读内容的调整，调节下一步的阅读计划。

通过以上三个策略，让孩子知道成熟的阅读不再是简单地拿起一本书随便翻翻，但在实操中要避免两个误区。

第一，避免生硬地灌输。孩子对每一个元认知从萌发到理解再到掌握，都是需要长达数月，乃至数年时间，不能心急，静待花开。

第二，不能滥用。不要求孩子一拿起书就开始元认知的三个策略，建议这个时期仍然要大量轻松地阅读、愉悦性地阅读、没有负担地读，以巩固阅读兴趣和提高解码效率为重。

你或者你的孩子，有没有因为醒悟到某一项元认知，阅读能力突飞猛进的经历呢？欢迎来分享你和孩子在阅读养育中的故事。

第5章

11~12岁及以上，书是孩子的快乐源泉

阅读这项脑力活动，只有真正能在大脑里卷起风暴的时候，才有乐趣。

如果遇到一本好书，可能就需要从阅读到精读反复阅读几遍，因此对批判性阅读，要重质不重量。

在终身阅读这条路上，我们应该尽力不让孩子走进这种狭隘短视的功利性阅读，才能真正培养出一名阅读高手。

第5章 11—12岁及以上，书是孩子快乐源泉

1."有书之读"和"无书可读"

有书不读
没有动机
缺少乐趣
没时间
太忙于找
没有榜样

无书可读
找其所烦
少睡手成瘾
放下就成圈
曲线救国

2.阅读与写作

欣赏孩子文章
定时写日记
内容自己定
先口述再动笔
和孩子一起写
欣赏鼓励

3.学会批判性阅读，收获很大

理解文本
评估文本
文学类
知识信息类
得出结论
时效性 属家性
可信性 目的性

4.学习全科阅读，更有生命力

把其他学科书纳入范畴
精读时分析
疏理各方面知识

图：仲晓核桃

小学高年级就进入了综合阅读期，现在孩子发育得早，11~12岁的孩子已经进入了前青春期，有了自己的个性和思想，这个时期保持孩子的阅读兴趣，对父母是一个挑战，必须要投其所好。这个年龄段的孩子往往喜欢生存冒险、惊悚科幻类的故事，喜欢英雄传记，如果是现实题材的故事，主人公的年龄最好比他们的年龄稍微大一点点，满足他们对大哥哥大姐姐的世界的好奇心，少儿杂志也是他们的心头好，家里最好订阅几种。

在小学高年级的综合阅读期，你得绞尽脑汁地让亲子阅读再走一层，比如假装太忙，请孩子在你做饭的时候给你读一篇新闻稿，假装太累，饭后请孩子为你读一段轻松的散文。如果你想把孩子读的书推销出去，就多买几本送给他们的朋友，因为这个年龄的孩子非常容易受朋友的影响，你可以和孩子看他们读过的书，鼓励孩子，把他们玩过的游戏改编成故事或者写成攻略。

初中以及初中以上就进入了深入阅读期，孩子升入初中以后就掌握了基本的阅读技能，从综合阅读向深度阅读进军，阅读绝大部分的经典文学和各类非故事性的信息类读物都不存在困难，除非要么是孩子已经失去了阅读的兴趣，要么是找不到合适的读物，要么是没有阅读的时间，这个时期的孩子是有能力也有兴趣去进行各种读物的深入阅读的。

在初中以上的深入阅读期，家长能做的是鼓励并帮助孩子在他们感兴趣的领域拓展阅读量，制定阅读目标，并尝试多种阅读策略，还可以和孩子共读一本书，并且一起讨论，各抒己见，鼓励孩子多角度深入思考，培养批判性思维。

"有书不读"和"无书可读"

经常有朋友着急地问我，孩子都一年级了，怎么还让我给他朗读，还不能自主阅读，该怎么办？到底什么时候才能自主阅读啊？先讲个故事。

在读大学的时候，我做过一段时间家教，有一年暑假，我教一个四年级的女孩。女孩在一所重点实验小学借读，家里想让我提前给孩子讲讲五年级的课，女孩很有礼貌有教养，学习也很努力，语文不错，英语也好，就是数学讲$X+5X=12$，X等于几，讲了整整一个暑假，也学不会。1个苹果加5个苹果一共12块钱，一个苹果是多少钱？2块钱没问题，换成梨也没问题，换成任何水果或食物都没有问题。一旦变成X，就懵了，无论怎么引导把X想象成苹果都没有用的。前一天似乎讲通了，第二天稍微改动一个数字又不会了，这事让我很有挫败感。

用字母X代替苹果来解方程式，在成年人看来顺理成章的转换，是一种基础和基本的抽象思维，但很遗憾，11岁以前的孩子，他们的大脑可能真地做不出来这种转换，那个女孩或许就是抽象思维发展稍晚了些，马上要上五年级了，仍然无法在大脑里把苹果变成X。

直到我在中科院读儿童发展与教育心理学，才为这个诡异的现象找到了一个说得过去的解释。这也是为什么学校要到五年级才开始教一元一次方程的原因。著名认知学家皮亚杰的认知发展理论表明，孩子的抽象思维能力要到11岁前后才开始发展。

孩子拥有抽象思维在阅读上是如何表现的呢？**读文学故事类书籍**，能深入思考并理解复杂的情节，搞清前后的因果逻辑关系，分析故事走势，能把握住人物个性，推断人物行为的合理性；**读知识信息类书籍**，不会再被动吸收和盲从，能够根据自己已有的知识，更加主动地甄别真假优劣。

在你周围，没上学就已经能自己拿书，一看几个小时；或小学一、二年级就已经能自主阅读很多书了，我们欣赏和赞美这样的孩子，但请不要拿你的孩子与其对比而产生焦虑感，能够顺利进入自主阅读期的孩子，都是省心的，千万别抱怨自己的孩子比别人家的孩子晚了。

按孩子正常的认知发育，小学高年级开始自主阅读也不晚，如果把阅读当成一个终身的事情来做，更没有必要在意这两三年的差距。

其实，急切希望孩子尽早进入自主阅读的父母，极有可能迎来一个难题：孩子怎么就是不爱阅读，不喜欢看书呢？说实话，有些孩子从来就没有真正爱上阅读；有些孩子是从爱阅读变成不爱阅读的。

如果孩子没有阅读障碍和学习障碍，不爱阅读无外乎两种表现，即有书不读和无书可读的情况，针对这两种情况是有相应的对策的。

情况一：有书不读

有书不读，最常见的原因主要有5个：没有阅读动机、缺少阅读兴趣、太忙没时间、太多诱惑干扰以及没有阅读榜样。

第一，没有阅读动机。对孩子来说，在学校里已经读了一整天的书了，该学的已经都学了，实在想不明白为什么回到家还要读书，有什么必要再次阅读，这个年龄的孩子非常容易受到同伴的影响。如果学校学风再有问题，嘲笑书呆子形象，孩子就更可能在心里抵触阅读了。

如果孩子属于这种情况，那就多做愉悦性阅读，让孩子体验到阅读除了获得知识，还可以让自己开心快乐；或者当孩子生活中遇到困难时，引导他们从书中寻找答案，让孩子认识到阅读并不仅仅局限于解决学习中的难题，也可以解决生活中的难题。

我家儿子月饼第一次要从书里找答案是他问了我们一个问题，关于毛毛虫在破茧成蝶前在茧里做什么，毛毛虫怎么就成蝴蝶了呢？我们都没法解释，就带着他去图书馆找书籍，找答案，很庆幸的是，被他自己找到了，用时20分钟左右。后来遇到我们没法回答的问题，他自己会主动说："那我就只能去图书馆找答案了。"

第二，缺少阅读乐趣。孩子感受不到阅读的乐趣，从表面上看阅读是一件挺无聊的事情，长时间坐着不动，盯着一本书，能有啥意思。阅读这项脑力活动，只有真正能在大脑里卷起风暴的时候，才有乐趣。

可是如果孩子前期的阅读思考力和理解力没有培养起来，在这个阶段孩子会遇到一个问题，能读得懂的低龄儿童读物对孩子没有吸引力；适合孩子年龄的读物因为读不深读不懂，读不出乐趣来。

这种情况一出现，说明孩子需要你帮助，如果孩子不反对你给他朗读，就耐下心来，能读的时候就读；如果孩子不愿意亲子阅读了，可以尝试和孩子分别读同一本书，然后一起讨论引导孩子的深入思考能力，如何引导，请认真看前面的内容。

第三，太忙没时间。小学高年级面临着强大的小升初的压力，课余时间可能被作业和课外班占满，加上这个年龄段的孩子需要同龄的社交活动来保障身心的健康，没有时间阅读是实情，不过"双减"之后这种原因可能慢慢会减少。

这种情况可以帮助孩子养成随身携带一本书的习惯，比如电子书——轻巧方便携带、图书内容丰富，口袋书——方便携带、可与他人共读、不伤眼，这样就能充分利用交通时间、买菜时间、排队时间等碎片时间进行阅读。

第四，太多诱惑干扰。在智能屏幕时代电子设备对阅读的影响和变革很大，手机、电脑、游戏机等屏幕时间极大地侵入了孩子的阅读时间，他们确实比阅读图书更有吸引力，就算是成年人，难免也会深受其干扰。

以我自己为例，多少次看书的时候，写作的时候，遇到一个问题上网查一下，结果一眨眼的功夫，发现自己居然闲逛了半小时，浏览器的足迹就可以看得出浏览记录。

所以不能期望这个年龄的孩子能有足够的自制力，自动自觉地远离屏幕只读纸质书，如果你想孩子能爱阅读一些，那么就得在智能屏幕的管理上下一些功夫，其实现在有很多可以管控的，比如"科大讯飞"学习机、大力教育的学习灯，等等。

第五，没有阅读榜样。我们都知道榜样的力量是无限的，特别是在青少年中，榜样的力量不可低估，就和咱们追星一样。父母不爱阅读，只给孩子喊口号是没有用的。即使父母自己也是热爱阅读者，孩子也仍然可能从别处学到一个坏的榜样，拒绝阅读。

这种情况下，父母就要做孩子的阅读榜样。如果孩子有偶像，可以借助偶像的影响，比如偶像读的书、推荐的书，推荐给孩子，更落地的做法是把想让孩子读的书送给他最亲密的小伙伴们，让同伴的影响力激发孩子的阅读兴趣。

情况二：无书可读

无书可读，也就是说如果有好看的书并不拒绝阅读，但总是缺一本合适的书。

第一，要投其所好。核心的方法就是投其所好。这个年龄段的孩子开始追求标新立异，他们大多喜欢冒险故事，喜欢科幻，喜欢传奇，喜欢抑郁故事，惊悚故事也是比较受孩子欢迎的，有孩子的情感发展，在相对更早的年龄已经能够欣赏描写细腻的友情亲情的故事了，但男孩可能还是喜欢动作故事多一些，主人公最好是比他们年龄稍微大一些的。哥哥姐姐满足他们对成长的向往，除了长篇儿童文学作品，少儿杂志也是他们的心头好，家里最好订阅几种杂志，还有另外一个好处，每一篇的篇幅相对较短，可以方便地挤进孩子紧张的日程表中。

第二，少胜于多。定期地去逛一逛图书馆和书店对从小培养孩子的阅读兴趣很有效，但如果你的孩子还没有培养出自己的阅读方向，把孩子直接带到图书馆、书店，不见得是一个特别好的办法，因为选择太多等于没有选择。如果你尝试之后效果不好，建议换一种方法，每次推荐给孩子三五本书，让孩子在有限的选择中选一本去读，这样反而更有可能推荐成功。

第三，放下成见。家长也是需要放下成见的，很多次我和家长们交流，发现当他们抱怨自己的孩子不爱阅读时，实际的情况是他们想让孩子读的书，孩子不爱读，他们又看不上孩子喜欢读的书。

比如孩子明明看漫画书看得眉开眼笑，但他们觉得漫画书太low了，想让孩子看经典名著，结果他们选了名著，别说孩子不爱看，连他们自己都可能读不下去，所以我希望你能放下成见，尊重孩子的阅读兴趣。

第四，"曲线救国"。可以先和孩子一起看影视剧，再把孩子喜欢的影视剧原著推荐给孩子，或者孩子有喜欢的运动，可以把这项运动的明星运动员的战绩推荐给孩子看。

有时候不读往往是因为孩子没有阅读的动机，缺少阅读乐趣，或者是太忙没有时间，身边有更具诱惑性的干扰项目，但没有阅读的榜样。最后什么办法都试了，你的孩子就是不爱阅读，也请接受并继续爱和欣赏你的孩子，因为阅读不是一切，这世间有太多不爱阅读却仍然享受生活中各种美好，并为世界贡献美好的人，你的孩子有权也有能力成为其中之一。

在选书、借书，保证孩子有书可读的意见上，你有过什么样的心得体会或苦恼，欢迎来到我的社群，和大家一起分享讨论。

阅读与写作

　　阅读与写作本是亲兄弟，是深入思考的两条腿。阅读可以促进写作，"读书破万卷，下笔如有神""熟读唐诗三百首，不会作诗也会吟"，这是我们都知道的，但很多人没有意识到写作也可以促进阅读。

　　平时我会写写小说，自己看的那种，当我脑子里有了一个主题和故事线索并写出草稿之后，我会试着找一篇相仿的名家作品，修改自己的作品，最初这样做是为了提高写作水平，但结果是我对自己模仿的作品更有了深刻的理解，日积月累，我的阅读水平远比写作水平长进更大。

　　文字是口语的升华也是高级思维的基础，它的出现使人类实现了跨越空间和时间的思想沟通，阅读的本质是读者和不曾谋面的作者之间的对话，读者通过文字的蛛丝马迹体验作者的见闻，吸取作者的思想并结合自身的经验，形成自己的理解，而写作则是整理和巩固自己的见闻和思想，让自己的理解再上一层台阶。

　　写作能力强的人，要么是对生活有深刻的感悟，要么头脑格外清醒，要么条理非常清晰，能力超群，他们思想丰富，而且还能影响他人。

我上过一门美国教授的写作课，课程中我印象较为深刻的是这个内容：你们从小到大在学校里学的写作都错了，知道错在哪吗？你们写作文、写论文，写得再不好，老师也得看下去，还要写评语，因为那是他们的工作，所以你们就一直在写没人要看的东西。等你们工作了还在写类似的没人要看的内容，但你的老板、你的同事不买账了呀，大家的时间都是有价值的，你写的东西根本不值得人家去看，你们从来没学过怎么写出有价值的东西。

听完后我恍然大悟，当然这位教授不是在针对学员，他只是想表明学校写作课上缺乏重要环节——他者认知，这也是写作能力强的人必须拥有的一种能力，也是我们现在比较流行的"用户思维"。

元认知，是我们对自己认知的认知，意识到自己是怎么学习和怎么思考的。他者认知，是我们意识到他人是怎么学习和思考的，认知到他人的想法。

一个优秀的写作者，要了解自己每次写作的对象，也就是读者，知道读者的想法，并在此基础上，用文字启发读者思考，带给读者价值，改变读者的观点或认知。

当然孩子不可能一步登天，从孩子的认知发展规律来看，他者认知要到小学中高年级以后才开始显现，而在此之前，还难以摆脱自我为中心的思维方式，因此培养孩子的写作能力是从让孩子能充分地表达自己开始，慢慢走向写给别人，吸引别人。

在家庭里培养写作兴趣和提高写作能力的办法不比在学校里少。

比如培养写作兴趣，可以定时写日记，自己定内容，先口头述说再动笔整理，和孩子一起写，用欣赏的眼光看孩子的文章。

1.定时写日记

你可以跟孩子一起去选购漂亮的日记本以及个别的文字，比如彩笔，贴纸等，让孩子开始自己的创作，每周一次也好，每天一次也好，根据孩子的具体情况跟孩子来商定固定的时间段作为创作时段，固定时段和必要的仪式感，对养成习惯非常重要。

2.内容自己定

鼓励内容自主，在固定的创作时段里写什么，要由孩子说了算，编故事也好，画漫画也好，写流水账也好，都是可以的，孩子想写什么就让他写什么，如果孩子没有主意想不出要写什么，那么你可以为孩子提供2~3个选项，不要太多，太多选择等于没有选择。重点是让孩子自己决定选哪一个，你提供的选项应该是孩子感兴趣，但一时没想到的。

3.先口头述说再动笔整理

大部分孩子都有写作困难症，坐在桌子前，啃掉半支铅笔，抠掉一块橡皮，虽然千头万绪，不知从何写起，你可以先跟孩子聊一聊，帮助孩子梳理一下思路，在口头上表达出来大概的意思，再让孩子落笔就不会那么难了。

4.和孩子一起写

你可以和孩子一起写，比如在同一个本子上，他们写在左边那一页你写在右边那一页，还可以约孩子的小伙伴和孩子一起玩故事接龙，每个人都选一个故事的开头，然后换人接着往下编，这些游戏不能玩很久，但在孩子的写作兴趣下降的时候，可以带来一些新的刺激，让孩子重燃写作的热情。

5.欣赏鼓励

你要做孩子认真的读者，跟孩子聊他们的作品，给他们正面的反馈，聊的重点应该是你是否理解了孩子所写的内容，对孩子的想法有什么观点，哪里写得好，好在哪里，而不是挑错别字和病句，还可以把孩子的优秀作品放在家庭群、朋友圈里，让孩子的作品有更多的读者进行点赞，让孩子看到得到他人的认可，对鼓励自己孩子的创作热情非常显著。

比如提高写作能力可以做这些努力。任何一个好的写作者，

在落笔前都要回答"写什么？写给谁？为什么写？怎么写"这4个问题，回答不出来就不可能写出好的作品。但学校老师教了很多写作技巧，却很少让学生去考虑"写给谁"或"为什么写"。

对于真正的写作来说，"怎么写"是由"写什么""写给谁""为什么写"来决定的。"写给谁"和"为什么写"是把握他者认知的关键问题，这两个问题搞不清，光凭写作技巧，只能是自己写给自己的娱乐，读者是不会买账的。

知道了这一点，在家庭写作培养过程中，不妨多提示孩子思考这两个问题。

举个例子，有个朋友的儿子叫昊昊，在昊昊六年级的时候迷上了某款游戏，想申请一个游戏社群的管理员，有一阵子他在社群中写了不少攻略，但点击量非常有限，也没有引起管理员的注意。我朋友无意间跟我说了，然后我简单了解了一下他写的攻略，基本上要么是比较初级的，要么是他自己玩得很好但特别小众的功能，于是我问他了几个问题。

我问他你为什么要写攻略呢？申请管理员只能靠写攻略吗？（为什么写）

我问他社群里主要是什么人？年龄多大？大家的平均游戏水平如何？大家平时感兴趣什么话题？最火的帖子都是什么人发的什么话题呢？（写给谁）

通过这样的分析，这个小伙子重新确定了在社群发帖的方向，写帖不再以自我为中心，而是写自己擅长，同时也对别人有用的东西，他说，虽然最终他并没有申请到管理员的职位，但与当时的几位管理员都交上了朋友。

"知己知彼，百战不殆"。写作也是一样的，清楚了为什么要写，为影响谁而写，才能更好地收集写作素材，既能做到不跑题也会避免以自我为中心。

大部分孩子都或多或少地经历过写作困难，你的孩子遇到的最大的问题是什么？你是怎么解决的？欢迎来到我的社群和大家共同分享和讨论。

学会批判性阅读，收获更大

初中后进入深度阅读期，这时孩子生活基本可以自理，认知能力和社会情感等各个方面都日渐成熟，是个追求思想独立追求个性发展的小大人了。在阅读上也一样，阅读的基本技能都已经掌握了，不再需要家长的扶持，此时家长要做的就是鼓励孩子在感兴趣的领域有计划、有目的地拓展阅读量，尝试多种阅读策略，鼓励孩子多角度深入思考，培养和磨炼批判性阅读能力。

批判性阅读源自批判性思维，古人所说的"尽信书，则不如无书"就是最朴素的批判性阅读，但批判性阅读也不是非要挑错和反驳。日常生活中的批判的确是指对错误的思想言论行为的分析、反对和批驳，但批判性阅读是指对所读的文本进行理性的分析，判定多角度、有深度、和乎逻辑的分析，文本的质量和文本所表达的思想，对文本的真实性、有效性和价值进行质疑分析，推理评判，从而形成自己的理解与判断，既不固执己见，也不盲信盲从。

也就是说你可以采纳相信一本书的论据和论点，但前提是你经过深度的思考和多方核查确认了这本书的可信度，而不是仅仅因为是书上所写的就行了，你可以欣赏每一本书的文学和思想价值，前提是你真地欣赏并认可它的价值，而不仅仅因为它是经典名著。

批判性阅读一般分为三个阶段：理解文本、评估文本、得出结论。

阶段一：理解文本

你可能注意到了批判性阅读不再仅限于理解文本，还要求评估的能力，因为作为一名热爱阅读的人，必须练出一双慧眼，能分辨所读之物的优劣。人生苦短可读之物浩如烟海，穷一生之力也读不完，**多读一本烂书就少了读一本好书的时间**，更惨的是不小心读了伪知识或上了谣言的当，搞不好会伤人害己。

阶段二：评估文本

评估文本到底评估什么呢？这还是要依内容属性而定，文学类作品和对知识信息类作品的评估是非常不一样的。

文学类作品的评估：从引导孩子的角度去考量，比如言之有物的内容、丰富真切的感情、典型生动的形象、流畅优美的文笔、引人思考的主题。

高考阅卷负责人漆永祥老师提到过一个案例，漆老师提到了一位考生就"对语文的体会"写的一篇微作文："语文就像是一首歌，语文就像是一首诗，是一股从山间流出的清泉，它滋润着我们的心田，给我们以快乐与愉悦，语文伴随着我长大是我生活中的好朋友，我欢乐时它和我分享，我失意时它给我勇气，我喜欢语文，它充实了我的学习，装点了我的生活，给了我无限的期望，我会永远热爱语文。"

单从流畅优美的文笔来看，这篇文字很美，从内容上来说，却不知所云，因此这篇文章算不上好的文学作品。在网上类似的作品很多，词藻华丽，引据经典，看上去特别优美，其实言之无物。

在智能屏幕时代，我们已经被网络文学包围，学会欣赏优秀的文学作品不容易，因为越优秀的文学作品读起来越是烧脑，但当一个人习惯了阅读优秀的作品也就不太能够接受又俗又烂的文字了。

知识信息类作品的评估：对于知识信息类作品的评估，语句通顺是必须的，文学性不是考量的重点，其维度包括时效性、可信性、易读性以及目的性。

时效性：大部分知识信息大到一本书，小到一篇文章都是有时效性的，为了写这本书，我去图书馆查阅《阅读心理学》，好不容易找到一本，但却是80年代末的，都不用打开，就知道这本书是过时了，时效性对于媒体信息来说是尤其重要的，需要格外小心。

可信性：知识信息类作品考量的重中之重就是其内容的可信性，作者在领域内的权威性如何，参考的文献和引用数据的来源是否可靠，推理是否合乎逻辑，是否超越边界或者内容是否有遗漏，其他人其他信息源是怎么说的？不但要让孩子警惕故意的造假，还要让孩子认识到所有人包括作者都会有主观的意识，有可能存在认知的偏差和文化的局限，需要我们读者有开放的眼界，不能只采信一方的观点。

易读性：易读性不好的知识信息类作品，要么枯燥乏味让人犯困，要么晦涩难懂，让人不知所云，而结构设计得好，文词通俗的知识信息类作品读起来则轻松易懂。

目的性：对知识信息类作品要考察它的目的性，尤其要小心那些有经济利益、政治利益、社会影响力驱动的作品，比如现在有很多的畅销书都会这样做，作者有自己的公司，专做某类服务，所以书中出现某些目的性很强的观点就非常好理解。

阶段三：得出结论

无论是文学作品还是知识信息类作品，评估是为了让我们得出自己的判断和结论，如果是一本烂书，可能读不了几页就完成了理解、评估、结论三个阶段，把书扔到一边，但如果遇到一本好书，想要完成三个阶段，可能就需要从阅读到精读反复阅读几遍，因此对批判性阅读，要重质不重量。

在初高中阶段孩子还处于不断学习批判性阅读技巧和训练思维模式的时期，不能要求孩子每次拿起一本书都启动深刻而彻底的批判性阅读。不过，随着孩子批判性阅读能力不断提高并成为一名阅读高手时，批判性阅读会成为一种内化的习惯。

你对批判性阅读有什么经验感悟和困惑吗？欢迎来社群和大家分享讨论。

学习全科阅读，更有生命力

全科阅读是最近几年在国内兴起的概念，指的就是打破学科界限，把阅读教育从隶属于语文学科扩展到覆盖全学科，并把主导地位的文学作品阅读，扩展到实用信息、图表报表、科学算式、艺术符号等全方位的阅读。

在实操上学校其实都还在摸索中，老师们在实践过程中大体用两种方式做课堂教学。

一种是把其他学科的图书纳入阅读范畴。向学生推荐自然科学、历史、哲学、艺术信息等各学科的图书，作为整书阅读素材，学习不同学科、不同内容的不同阅读技能。

另一种是在精读一本书的时候分析梳理所涉猎的各方面知识。比如说《红楼梦》，大概是被全科阅读最深入的一本书，甚至形成了"红学"这门单独的学问，涵盖了文学、历史、政治、服饰、美食等各个方面，再比如《夏洛的网》，也是全科阅读教育喜欢选用的典型，语文老师讲文学，美术老师讲插画，生物老师讲动物习性，英语老师讲原著。

有一项针对某地区近些年中考试题的研究分析发现，自从倡导全科阅读后，中考试题形式、材料形式多样，对阅读方法、阅读效果要求高，试题选择多样的内容素材，设置不同程度的真实情景，突出知识的结构与关联性，考察学生面对新情境时，获取加工整合信息的能力，灵活运用知识的能力，整体设计方案解决问题的能力，而在题干情境中用来传递信息的媒介，除了文字之外，还有图表数据、专业术语图的形式等，也是多样的，具体有连环画、书法作品、匾额实验装置图、生产流程图、柱状图、曲线图、模型图以及实物图片，等等。

全科阅读的难点是要让孩子找不同学科、不同文体的阅读方法。比如数学阅读重在对高度抽象的数学语言和符号的精确理解，以及对数学逻辑的把握；自然科学阅读，则需要弄懂学科术语，以及理解科学问题以及解决问题的假设和推论过程；历史阅读则要明白即使是严谨的史学家也是有个人的主观偏见及材料局限的，所以对同一段历史应该阅读多人多角度的讲述，才能尽可能接近历史真相。

在家庭阅读养育中，全科阅读更需要重视，因为可以做到触一发而动全身，鼓励孩子多尝试不同学科的阅读，比如你是不是会经常听到，一个学理科的为什么爱看文史哲心理学书，其实这是一个非常典型的问题，你在读高中时就开始分文理科，高中的学习往往是以高考为目标，从而造成了一个普遍的现象：文科生不读或读不懂理科书，以致缺少最基本的科学思维，理科生不读或读不懂文科书，以致缺少最基本的人文素养，而在终身阅读的这条路上，我们应该尽力不让孩子走进这种狭隘短视的功利性阅读，才能真正培养出一名阅读高手。即使非要追求功利阅读，也请把眼光放宽放远，去做影响孩子一生成长的事情。

全科阅读从本质上是在回归阅读的核心价值，阅读是为了获取信息和知识，提升认知水平，滋养个人情感，塑造思维模式，提高审美能力、道德水准以及思想格局，归根结底，阅读是为了心智成长，促进各方面平衡发展。

莫提默·艾德勒在《如何阅读一本书》里写道："一本好书，能够教你了解这个世界以及你自己，你不只更懂得如何读得更好，还更懂得生命。你变得更有智慧，而不只是更有知识。你会成为一位智者，对人类生命中永恒的真理有更深刻的体会。"

培养孩子的阅读习惯，倡导终身阅读习惯，不是单纯地为了考个好学校，找个好工作，也不是人云亦云，为了阅读而阅读只能培养出一个毫无创造力的人，而是希望孩子在阅读中获得成长的乐趣，成为人生的智者，也唯其如此，一个人才可能成为一名终身的阅读者。

无论在阅读养育中有什么样的感悟和困惑，还是有什么更好的意见和建议，欢迎来社群与我和其他朋友分享。

在阅读养育的路上，让我们相伴同行践行终身阅读理念，成为孩子的榜样。

第三篇

在家庭阅读养育中，家庭阅读到底应该处于什么位置?我们做父母的，又应该肩负什么样的责任？家庭阅读是为了考个好成绩、升入好学校、找到好工作吗？显然并非如此。但孩子早晚要去学校读书接受教育，光是九年义务教育，学校就会布置很多阅读作业。

我们倡导家庭阅读，不是为了鼓励父母去占用语文老师的时间，家庭阅读也不是为了抢跑学校的阅读教育，甚至也不是为了补充学校阅读的不足。

在学校，孩子是不得不阅读。说得扎心点儿，学校的阅读教育虽然对提升阅读能力是有用的，但也在一定程度上抑制了孩子的阅读兴趣。这不是在否认学校教育，而是从人的本性上来说，孩子会对被要求做的事产生微妙的抵触心理，再美的诗，要求背诵就不美了；再动人的故事，要求分析中心思想就读不下去了。

以鲁迅为例。鲁迅稳坐中国近现代文学史上当之无愧的第一把交椅，而入选中学课本里的又都是先生文章中经典之经典。可咱们的语文教育对鲁迅文章的讲解，让学生理解起来很费力，这就失去了文学作品本身的美感。然而我一向格外喜欢鲁迅，为什么呢?因为我读鲁迅并不是老师在学校的逼迫下去读，而是在家里用轻松的心态随意地翻看鲁迅作品。我家里有一套鲁迅全集，上中学的时候我常常随意地翻来翻去，结果就被先生幽默的文笔所折服，先生真的是太有趣了。

在家里轻松地阅读，与在学校被逼着读，是两种完全不同的状态。这就是家庭阅读应该达到的目标：打造一个轻松的、有利于阅读的环境，让孩子想要阅读、热爱阅读、享受阅读。

我把阅读实操方法分成两大部分:第一部分是**培养阅读兴趣和阅读习惯**；第二部分是**提升阅读技能和能力**。有些方法兼具两个功效，且随着年龄的增长，两者是相辅相成的关系，有足够的阅读兴趣和良好的阅读习惯，才能更好地提升阅读能力。随着阅读能力的提升，阅读的兴趣更浓，阅读的习惯更容易养成，无论你是资深陪读还是新手上路，我不希望你像老师那样要求孩子，用你学到的实操方法去要求孩子，那很可能会事与愿违。

第6章

在家里，阅读习惯，怎么养

为了让孩子读到最合适的书，需要以孩子为中心，兴趣为导向，遵循五词原则，通过同伴影响。

保持孩子的阅读热情，引导孩子的阅读习惯，激发孩子的阅读成就感，办法很多，最简单最有效的方法就是阅读记录和阅读奖励。

6章

在家里，阅读习惯，怎么养

3个策略，选出适合孩子的阅读书单

善遍适合的选书策略
- 认准正规出版法和正版书
- 认准各时间考验的书
- 认准图书奖简新的书
- 认准修单推荐类的书

私人定制选书策略
- 以孩子为本，兴趣导向
- 五词原则，同伴影响

5个步骤，做出有逻辑有料的阅读计划

- 为阅读一本书
- 阶段阅读做计划
  - 明确自标和主题
  - 确定阅读时间
  - 自测阅读速度
  - 列省选书单
- 忌家长包大揽
- 榨得孩子"苦"心
- 克制急功近利的野心
- 对计划执行坚持但懂变通

3个方法，看到丰富多彩的阅读成就

- 阅读正录
  - 裁奇内容
  - 引入游戏
  - 避免强制
- 阅读奖励

5个活动，积累滴水穿石的阅读容量

- 中何确定合理固定阅读时间段
- 中何处理自己的被书神情性
- 孩子话绝孩子阅读，中何每天阅读2.0个种
- ▲ 让书无处不在，善用电子产品

阅读计划

图：树树林

两个策略，选出适合孩子的阅读书单

说到在家里看书，一个最常见的问题是"现在我们家孩子是这样的情况，能推荐一些合适的书吗？"。而阅读其实是一件非常私人的事，每个人的阅读兴趣和品味往往比饮食偏好还刁钻，阅读能力更是千差万别，一定是非常了解或非常熟悉的人，推荐书才会比较贴切。盲目信任所谓的"推荐书单"，不如掌握选书之法。

现在的图书市场对读者的要求比五十年前要高很多，当时每本能印出来发行到市场上的书，几乎都是有价值的；但现在的图书市场真的是泥沙俱下，内容好但品质差的盗版书、原著好但翻译差、内容形式都劣质的书越来越多。

下面的两个策略一定可以助你选出贴合孩子的阅读书单，对你自己也非常有用。

策略一：普遍适合的选书策略

这样的选书策略，主要功能是降低宣导劣质滥书的概率，让图书馆在孩子成长过程中发挥正面作用，更好地保护孩子的阅读兴趣。

1.认准知名出版社和正版书籍

认准出版社和正版书籍无论是经典名著、绘本图画书，还是知识信息图书、中外文译本都至关重要。

经典名著比较容易出现盗版书和劣质书的，最常见的就是把名家名作胡乱节选拼凑出一套国学精粹、名人名篇、百年经典……不建议给孩子选不知名的出版社出版的这类书。大型出版社比较少做这类合集，即使是套装书，也都是有编辑认真选版严格挑选出来的，非常值得信赖。

绘本图画书的艺术价值不仅仅在于文字内容，还包括绘画的艺术欣赏。我见过盗版的绘本，甚至还买过，由于套色和印刷等问题，与正版经典绘本相比有巨大的色差，非常丑陋且对身体存在伤害。

知识信息类图书最要紧的就是提供可靠可信、可读性强的内容，去实体书店看一下就会知道，大牌出版社很少会出那些内容质量不过关，作者不权威的知识信息类图书。

对于外国名著的中译本，这类书籍一定要进行比较一下不同译本的差异。比如《了不起的盖茨比》这本书，是欧美中学生必读书籍，国内很多时候老师也会推荐中学生进行阅读，但它的中译本有数十种，我进行过比较，有的译本翻译质量极差，令人无语。仔细对比后，我们会发现，能出版这么差的译本的，一定不是知名出版社。

2.认准经历了时间考验的书籍

我们现在的时代，是好书读不完的时代，不是一个缺书读的时代。检验一本书是不是好书最省事的办法就是时间。对于人文类图书，比如小说、艺术、史哲之类的（这类书我自己的读书原则是非三十年以上的不读），这个标准我同样推荐给你和进行深入阅读期的孩子。经受三十年考验仍然活跃在图书市场的书必有过人之处。

少儿图书领域使用这招必须考虑实际情况，因为中文少儿文学可选择的图书比较少，能在市场上活跃三五年的书都可以考虑。如果是时间太久远的书，故事发生的时代和孩子现在的生活差距太大，孩子理解起来会较为困难。

3.认准图书分类清晰的书籍

对文学类图书，选书的重点是作品内容三观端正，有文学美感，能让孩子体验人性的真善美，能引导孩子成为一个正直善良、积极向上、对社会有益的人。

对知识信息类图书，选书的重点是内容的权威性、可信度、时效性和易读性。

4.认准榜单推荐的书籍

名家推荐的书单也不要照单全收，但是可以作为参考，有时候能从中找到自己要阅读的书。

还有各大图书网站的销量排行榜、各大媒体的年度图书排行榜等，类似比较有权威性的榜单也是值得参考的。

另外，学校推荐书单虽然主要针对孩子的学业成绩，但其针对性更强，对于家长们来说，参考价值是很高的。特别是可以主动请孩子的语文老师针对孩子推荐一些书籍，而不是被动地等班级统一的推荐书单。

当你从某个途径得到推荐的书籍，也不要着急马上去下单，如果是中文书，建议去豆瓣网站查一下评星和书评，看看是否值得购买。

如果是英文书推荐，可以查阅Good Readers书评网。当同名书存在多个版本的时候要格外注意，不同版本的出版社优先选择大牌出版社出品的书籍。

如果是外文译本，一定要在网上比较对不同译本的评语，哪个译本更好，豆瓣网就是一个不错的选择。

当当网、京东网这些网站上的评星只可以做参考，因为这些网站的评星并不是专门针对图书内容的，还包括销售渠道和快递服务等，所以并不准确，更何况还存在营销操作的情况。

但关于书的印刷质量、纸张质量、装订质量是可以参考以上这些网站的评语的。

另外这些网站往往提供在线预览功能，可以充分利用这些信息看看书内页的内容，如果我们的时间充裕，去实体书店直接翻一翻是最有把握的。

策略二：私人定制的选书策略

所谓私人定制的选书策略就是在满足普遍适合的选书策略的前提下，为自己的孩子选择最合适的书籍。

首先每个孩子都有独特性，人人都说好的书，可能你的孩子就是不喜欢。就拿我侄子晨晨来说，当年大家都喜欢的《哈利·波特》，我送了他整整一套，他看了一本半就丢下了，但是他在童年时期就把《平凡的世界》看完了。

其次孩子的阅读成长可谓是日新月异，时时刻刻都在变，今年合适的书，明年可能就不合适了，甚至昨天不爱看的书，今天也有可能爱不释手了。孩子的阅读能力与认知水平、兴趣爱好及理解能力是有极大关系的，这三方面每个孩子都不完全相同。

为了让孩子读到最合适的书，需要以孩子为中心，兴趣为导向，遵循五词原则，通过同伴影响。

1.以孩子为中心

让孩子自己有选书的权利，图书是我们家长影响孩子实施家庭教育的一个途径，当孩子还小的时候，我们应该抓紧有利时机，为孩子选择最优质的图书，塑造孩子的审美品位，这段时间我们应该是孩子读书的守门人。当孩子到了小学中年级以上开始向自主阅读过渡之后，父母就应该慢慢地退出守门人的身份，把选书的大权让渡给孩子自己，只有孩子自己想读的书，他们才最有可能读完。这个时候，父母的职责就是做一名图书搬运工，创造机会把好书呈现给孩子，看不看，由孩子自主决定。

2.以兴趣为导向

家庭阅读的定位就是让孩子爱上阅读，有些孩子似乎天生就热爱阅读，省了父母好些功夫，但有些孩子的确就是对阅读没那么感兴趣。

这时可以把阅读和孩子感兴趣的东西联系起来，好在任何一种兴趣爱好，我们都能找到相关的书籍，比如孩子如果喜欢体育，可以给孩子找一些奥运故事或者是体育传记类书，可以把孩子的兴趣引向更深层次，而更深层次的阅读又会激发孩子查阅更多的书籍，让孩子体会到书籍可以为兴趣铺路，每一种爱好都有书籍能够帮他们达成心愿。

3.遵循五词原则

当孩子入学后开启阅读之旅后的三五年，家长最发愁的就是找到一本合适孩子词汇量的书，英语阅读有很完善的分级系统，对家长来说，找到适合孩子词汇量的书相对容易一些，但是中文阅读问题是相对比较严重的。

如果选的书难度太大，孩子读得太吃力，会影响阅读兴趣；如果选择的书难度太小，孩子可能会没有兴趣；如果孩子总是读难度过低的书，对提升阅读能力又没有多大益处。

这时的你可以这样做：翻开一本书，请孩子读前三页，如果平均下来每页有超过5个字、词孩子无法理解，这本书就超纲了；如果每页不能理解的字、词不到1个，这本书难度太低了，合适的难度是3个字词左右。此原则特别适用于还未完成基础识字量的孩子，以及成年人学外语时，选择阅读材料也可以参考这个原则。

4. 通过同伴影响

孩子的同伴推荐的书很可能是他们认为最靠谱的书。现阶段孩子们的读书量会越来越多，可以在孩子的家长群或自己身边的朋友，结识几个背景相仿的家庭，孩子同龄，周末或其他有空时凑在一起玩，家长们互相推荐自己孩子喜欢的书，这种推荐成功率极高，等孩子大了，同伴影响会更大，小伙伴推荐和爱看的书很容易能够得到孩子的青睐。

总的来说，无论是普遍适合的选书策略，还是私人定制的选书要诀，无论多么用心地为孩子选书，请一定要做好心理准备，你精心挑选的书，有些可能是孩子不爱看的，有些可能是孩子看不进去的，没有关系，当出现这种情况的时候，重选一本就好。

5个步骤，做出有趣有料的阅读计划

阅读计划一定是少不了的，虽然我不建议跟太小的孩子讨论计划，但孩子到了入学年龄，是完全可以在父母的帮助下共同制订和执行计划的。

如何跟孩子一起制订阅读计划，让阅读更有方向，更有效率呢？千万不要一说到阅读计划，就想到是长长的书单或者是花花绿绿的进度条时间表，可以是这样正规的书单或时间表，也可以只是和孩子口头沟通，达成一致即可。

阅读计划的核心是帮助孩子明确阅读目标、确定阅读素材、合理分配阅读时间、如期完成阅读活动，可以是为阅读一本书做计划，也可以是做阶段阅读计划。

1.为阅读一本书做计划

为阅读一本书做计划，并不是意味着孩子读的每一本书都要做计划，完全可以在和孩子的闲聊中完成和确定进度，同时培养孩子的计划意识，掌握基本的计划要素，为阶段性阅读计划做准备，最好选择对孩子来说稍有难度，但不能一口气读完的书。

首先要问孩子你为什么要读这本书？对这本书有什么预期吗（这样的问题可以帮孩子养成在阅读前思考阅读目标的习惯）？

其次问孩子你估算一下多长时间能把书看完，打算在接下来的几天内怎么安排时间。

如果孩子的计划明显有问题，比如时间估算差距太大，或时间安排不现实，可以给些提醒和暗示，让孩子回忆以前计划中的经验教训。

孩子制订计划的能力一般需要到中学以后才能慢慢成熟，无需介意孩子的计划不完美，甚至不现实，把每次为阅读一本书做计划当成一个学习的过程，给孩子犯错的机会（犯错是学习好时机）。

2.为阶段阅读做计划

阶段阅读计划更实用也更常见，比如放暑假时，帮助孩子制订暑假阅读计划，这样的阅读计划是终身阅读者的基本功，是可以让阅读更有目的性、更有效率，当然收获也更大，5个步骤即可完成。

第一步：明确阅读目标和主题。目标不一定要只阅读高大上之类的书，比如孩子就是想看一堆搞笑的漫画书，也没什么不好。

我自己就曾经有一个暑假做了个"读尽金庸"的计划。

不过，在孩子小学阶段，建议你从孩子的兴趣出发，想一些有吸引力的主题，和孩子确定一个有趣又有料的阅读目标。

比如最近比较火的"你好太空"的主题，阅读目标是了解太空知识，欣赏深空科幻小说。

第二步：确定阅读时间。这个时间包括阅读时长和具体阅读时间段。

首先要明白，你想每天看多长时间的课外书？根据孩子以往的阅读习惯，给孩子几个选项。30分钟？1个小时？2个小时或者3个小时？

其次要清楚，你想在什么时候看？阅读时间尽可能固定下来，这样有助于迅速养成习惯，算出一整个学期或一个假期一共有多少时间可以享受阅读。

如果阅读时间太长，建议分散在不同时间段（早晨起床后、晚上睡觉前、晚饭后……）

第三步：自测阅读速度。找一本孩子没读过的课外书，记录孩子读10页需要多少时间，算出平均1页的阅读时间。

用第二步估算出来的总阅读时间除一下，就可以算出本次阅读计划能读多少页书。

大部分书籍的厚度是200页，因此理想状态下，这次阅读计划应该能读几本书（粗算而已）。

第四步：列备选书单。主题选择很有趣，书单选择要有料。列书单是阅读计划中最关键也是最耗时的过程。

很多阅读计划不能很好地执行，有一个重要原因就是，书单是家长或者老师想要孩子读的书，不是孩子想要的书单。

作为家长需要为孩子私人定制书单。这一步必须让孩子参与，孩子自己选出来的书，才最有可能看下去。

备选书单里，有允许甚至鼓励孩子重读一到二本已经读过的书，因为重读对提升孩子的理解能力非常有好处。

更好的方式是引导孩子选择一两本他们不常看的题材和形式的书。

比如，总看科普书的孩子，让他们看看文学；总看小说的，可以选本诗集……有声读物、电子书都可以考虑，不拘泥于纸质书籍。

备选书可以多一些，以备万一有的书买不到也借不到，有的书难度不合适或不合孩子口味，实在看不下去，需要换一本，或孩子读得太快，把原定计划完成了还有剩余时间。

第五步：确定最终书单。在备选书单里，按前面计算的阅读量，让孩子选出最想看的，就是最终书单了。

这时让孩子再核查一遍，估算一下读完是否有困难，无论是多了还是少了，调整到合适为止。

根据这5个步骤即可制订出一个完整的阶段阅读计划。

制订一个完整的阶段阅读计划不容易，但要想搞砸一个计划是非常容易的，所以千万要牢记4个注意事项，忽略了任意一点，阅读计划就会被无情地毁灭。

1.切忌家长大包大揽

所有给孩子制订的计划，尤其是上学以后给孩子制订的计划，失败的第一原因几乎都一样：计划是家长做出来的，没有或者很少让孩子参与。

我们习惯了帮孩子一手操办各种事情，如果你按自己的想法制订了一个不符合孩子意愿的计划，就不能指望孩子都能认真执行。

2.获得孩子"芳心"更重要

一份来自美国阅读机构Scholastic（全球最大童书出版社）与YouGov（全球知名调研公司）发布的《2020年儿童与家庭阅读报告》中说：很遗憾，家长选的书，孩子其实并不喜欢。所调查的3000+孩子中，86%表示"他们最喜欢的书，都是自己挑选的"，同时87%的孩子表示"如果是我自己挑的书我都会读完"。

这说明如果是孩子主动选择的书，让孩子自己挑选喜欢的书，他们会有很强的动力去读并且读完。

不靠谱的阅读计划往往是家长开列了一份自己想要孩子读的

书目，忽视了孩子自己想读什么书。

3.克制急功近利的想法

如果家长错误地估算阅读时间，错误地估计孩子的阅读速度，再加上急功近利的想法，往往就会把书单拉长，不说孩子会不会真的读，能不能读完，看着书单的长度就可能被"劝退"了。

4.计划贵在坚持，但要懂得变通

凡事贵在坚持，但也不能不知道变通，如果没有在日常生活中规定相对固定的阅读时间，或者是阅读时间不合理，孩子特别容易三天打鱼两天晒网；如果阅读时间太死板没有变通，计划的执行会有巨大的困难，阅读会因为死板的计划，成为孩子和你共同的负担。

好的阅读计划，有助于培养孩子的自主性，养成阅读习惯，提升阅读效率，过滤掉劣质书的不好影响，让孩子在有限的课外阅读时间能发挥更大的作用。

如果你想要一个注定失败的计划，那么，你可以尝试不让孩子插手，自己全程包揽，也不顾孩子喜好，制订份你想要孩子读的书单。

两个方法，看到丰富多彩的阅读成就

计划再好，如果执行不力也是枉然。好在阅读计划在孩子的积极参与下做出来，可以确保书单里有孩子喜欢的书，这样阅读的起点就是主动和愉快的。那么现在你需要做的是继续保持孩子的阅读热情，引导孩子的阅读习惯，激发孩子的阅读成就感，办法很多，但这里我给大家介绍最简单最有效的方法就是**阅读记录**和**阅读奖励**。

阅读记录是要让阅读成就看得见。

方法一：阅读记录

在美国中小学每个学生都熟悉阅读记录单，每个学校、每个年级，每位英语老师都有自己独门设计的阅读记录单。

一般而言，阅读记录单分两种，一种是每日阅读记录单，就是每天记录读了哪本书，从哪页读到哪一页，读了多长时间等，这种记录单，尤其适用于低年级的小朋友，建议是每日必做，每周不少于两个小时的阅读时间，一定要持之以恒，孩子要记录每天的阅读情况，这种记录是让孩子养成阅读习惯。

另一种是整书阅读记录单，每读完一本书，就做一次阅读记录，这适用于高年级的学生，除了要记录基本信息，还可以写一些简短的感想，或者是摘抄几句梳理的好词好句。

不知道你有没有跟我有一样的阅读经历，别人收集一本书，我一想这本书我读过，但到底这本书讲了什么，脑子里却一片空白，完全没有印象，所以对于大部分没有过目不忘天赋的人而言，读完就忘，是一种很正常的现象，怎么样让读过的书在脑子里多留一点痕迹，俗话说得好——好记性不如烂笔头，整书阅读记录的作用就是这支烂笔头。

阅读记录单的格式看似千变万化，但万变不离其宗，我准备了几个阅读记录的模板，有需要的家长可以联系我，当然最好根据自己孩子的实际情况做出适当的修改。

是否要让孩子使用阅读记录，是一个颇有争议的话题。学校大多认为阅读记录能够提醒孩子每天阅读有助于养成阅读习惯，但是有部分家长则认为强制性的阅读记录会毁掉孩子的阅读乐趣。一些家长和我沟通这个问题之后，他们说因为学校的阅读记录，孩子一拿起这本书就会问我还有几分钟完成作业，把阅读当成了作业，孩子的阅读兴趣似乎也被强制的任务形式给消磨了。反对阅读记录的人最核心的观点就是阅读记录把自主的愉悦性的阅读变成了强制性的阅读，而没有人喜欢强制性的任务，结果就是本来还喜欢阅读的孩子不爱阅读了。

这种说法非常有道理，而且是育儿的大道理，强制会遭遇反弹，哪里有压迫哪里就有反抗，不要说孩子，很多成年人也发现，兴趣一旦变成了工作，变成正经养家不得不干的事情时，就再也不是兴趣了。

这么一看反对阅读记录的人归根结底反对的并不是阅读记录，而是有人在实际操作当中把阅读记录变成了强制孩子阅读的工具；而那些支持阅读记录的人，包括我自己，则是通过阅读记录养成了良好的阅读习惯，从中受益很多，从这一点来说阅读记录和我提到过的所有的阅读策略与方法一样，运用得好有助于培养孩子的阅读兴趣和阅读能力，运用得不好，结果就会适得其反。

阅读记录到底怎么样运用才能够避免负面伤害带来的最大利益呢？

1.合理调整内容

阅读记录单有两种作用，它的内容和形式必须有所不同，如果你是为了养成孩子的阅读习惯使用阅读记录单，那么记录单要填写的内容尽量少一些，减少孩子的额外工作量；如果你是为了让孩子从阅读中留下一些记忆，那么记录单可以多一些内容，提供一些简单的总结性语句模板，让孩子去填写。

虽然我准备了阅读记录单的模板，但我还是建议你根据孩子的年龄进行书写及表达，适当进行修改和裁剪模板，同时如果你的孩子是低年级，强烈建议你不要直接打印模板，而是跟孩子一起，用彩笔手绘自己的阅读记录单。

2.引入游戏

为什么孩子都喜欢电子游戏，其中有一条就是游戏里总是设定一个难度适中的目标。目标太难容易产生焦虑，太简单则让人感觉到无聊，目标达成之后，游戏又会及时给出正向反馈，再设定下一个小目标，这种升级的机制非常容易使人达到一种特殊的沉浸状态，心理学家称之为"心流"。

运用阅读记录单来引导孩子阅读，还可以根据孩子的阅读能力来设定阅读目标，如果孩子还没有养成阅读习惯，不要马上要求孩子一天读一个小时，可以把目标设定得短一些，如果孩子阅读习惯不错，问问孩子愿意给自己增加什么难度。

提醒孩子每天阅读打卡，设置各种小目标，比如打卡多少天，阅读多少本书……用漂亮的图表贴画，将阅读记录的进度可视化，达成目标后，给予庆祝和奖励。

3.避免强制

这条最重要，始终要在心上默念，一切的阅读方法都是为了培养阅读兴趣，而强制是一切兴趣的对立方，为什么建议和孩子一起设计、手绘个性化阅读记录单，就是为了让孩子有足够的参与感，并喜欢上自己的作品，在这个过程中，你可以一边和孩子一起工作一边向孩子推销阅读记录单的好处，介绍升级打怪的游戏规则，畅想目标实现之后的胜利时刻，让孩子从心理上接纳阅读记录单。

在实施过程中，要观察孩子的反应，如果忘记记录了，要提醒，但不责备，如果孩子产生抵触情绪，则自己分析情绪，是源自对阅读的抵触，还是对记录单的抵触，如果是对记录单的抵触，再分析具体原因，必要时可以放弃记录单。

阅读记录单是为督促孩子阅读习惯的培养，记录阅读成就，是一种提醒的手段，同时也是一种激励，让孩子的阅读成果可视化，每天都能够看到自己的进步。

方法二：阅读奖励

阅读奖励就是让阅读成果看得见摸得着的方法。在家长咨询中经常有人会问阅读需不需要奖励，如果孩子的阅读习惯很好，主动性很高，不必非要引入奖励机制，从阅读中获得乐趣本身就已经是一种奖励了，但也许你的孩子还没有养成阅读习惯，还要你推一把，那适当的奖励就是必需的，但不应该是物质或是金钱奖励。

这个原则不仅仅适用于阅读奖励，也适用于学习奖励、家务奖励等大多数育儿过程当中的奖励，如果父母习惯性地把孩子内在的上进心兑换成物质奖励，比如玩具、衣服、现金，那么这份上进心就会慢慢地被吞噬掉。

但如果把奖励变成另一种形式，满足孩子精神或情感上的需求，结果就会大不相同，比如对刚刚分床睡的孩子，可以奖励和父母同床睡一晚；对于孩子大多渴望晚睡，可以奖励晚睡一小时，奖励周末一天由自己决定如何安排时间或活动，奖励一张让爸爸或者妈妈为我做一件事情的兑换券；甚至和孩子一起看他们喜欢的动画片或电影的奖励；增加额外的智能屏幕时间或游戏时间；邀请孩子的伙伴一起开party或郊游；为孩子做一个奖状或订制印着孩子名字的水杯、文具、衣服等；去孩子最喜欢的餐厅吃饭……

除了这些上面，还可以鼓励在孩子阅读的时候，为他们量身定制情感奖励，比如允许孩子自由支配一次零花钱，小朋友在小学阶段一直都有零花钱，但每次都会需要爸爸妈妈的批准，有些东西孩子想买，但因各种原因在爸爸妈妈不同意的情况下，就可以作为阅读奖励颁发给孩子，这是批准孩子用自己的零花钱买我们之前不同意孩子买的东西，不是替他们买他们想要的东西，而是给予他们一次自己支配零花钱的权利，这是物质奖励和情感奖励的区别。

还有一个超级实用的特殊奖励，称之为"垃圾食品之夜"。比如大部分孩子都会喜欢肯德基、麦当劳这种快餐食品，正常父母们会去控制，但可以作为奖励让孩子偶尔吃一次，在"垃圾食品之夜"全家一起开开心心地吃炸鸡、薯条、汉堡、看动画片或电影，这对于孩子来说是一件心理上超级满足的事情，是一个很大的奖励。

　　总之，咱们要贴合孩子的小心思满足孩子在精神或感情上的需求，可以是孩子成长的需求，也可以是人人皆有的某些无伤大雅的小放纵的事情，这样的奖励最能够给孩子成就感，还能拉近亲子关系，可谓是一举两得。

　　你是如何让孩子看到自己阅读成长的呢？你又是如何奖励孩子的阅读成就的呢？来我的社群，分享你的育儿故事吧。

1个活动，积累滴水穿石的阅读容量

20世纪80年代末美国的一项教育学研究报告指出，如果学生每天能够以200词/分钟左右的阅读速度阅读20~25分钟，每年将会阅读100万字，接触1.5~3万不熟悉的词汇，就算只掌握了1/20，每年新增词汇也有750~1500词组。

后续又有大量相关的研究也证实了，阅读，尤其是早期的亲子阅读与未来学业成就之间的强正相关系，由此就在美国乃至整个英语世界的阅读圈卷起了每天阅读20分钟的家庭阅读风暴。

你可能会问，每天阅读20分钟是不是太少了，这项阅读倡议旨在培养孩子家庭阅读习惯，每天20分钟要求的不只是孩子还有家长陪读，十年如一日的每天和孩子一起阅读20分钟，这样想你还会觉得很容易吗？

我自己正在走这条路，坚持快5年了，所以我知道这件事情并不容易，是很有挑战的，尤其是如果你和我一样，夫妻都要工作，时不时还要加班，丈夫要出差，又不想老人搭手帮忙，一切都亲力亲为。

挑战一：如何确定一个固定的阅读时间段

习惯养成非常重要的一条就是规律化，在固定时间、固定地点做固定的事情，这是养成习惯最快捷也是最少挫败的方式，但这就代表着一个家庭作息，不能太随心所欲，这个时间段不能是，今天是早晨，明天是晚上，一天是饭前，一天又变成饭后，所以我特别建议在上小学之前帮孩子养成定时上床、睡前阅读的习惯。

月饼小朋友小的时候最迟晚上8:30我们就会开始亲子阅读，我是主力，有的时候忙就会由爸爸负责，这样最迟9点就会和孩子说晚安，为此我给自己上了8:15的闹钟，避免自己忙得忘了时间，忘了陪孩子阅读的事，这样定闹钟也是提醒，提醒月饼该安静下来进入睡前准备了。

大多数孩子上小学之后，孩子的学业压力大和课外活动多，坦率地讲，能够做到每天都有20分钟阅读是很难的，这时可以把一周的时间统筹安排，找出时间比较空的两三天加上周末多读一些，正好在这个年龄孩子一次阅读往往也要读上40~50分钟才能够过瘾，所以，平均下来也能够达到每天20~30分钟的课外阅读。

挑战二：如何处理自己的疲劳和惰性

不喜欢听爸爸妈妈讲故事的孩子真的太少见了，每天亲子阅读20分钟对小孩子一点都不难，可对于爸爸妈妈倒极有可能是个挑战。

我们在日常生活中，都会有累的时候，有烦的时候，有懒的时候，有身体不舒服的时候，有心里有事的时候，经常有朋友问，怎么才能让孩子早点自主阅读，孩子什么时候才能自主阅读？他们一定被亲子阅读折腾得难受有时也烦躁得很，特别希望孩子上了学就能够自己读。

如果一个人包揽亲子阅读的重任是很难坚持下来的，所以我们要调动起我们伴侣的积极性，两个人互相配合，总比一个人死扛要好很多，如果有老人帮忙，那便是更好的。

当我们不在状态的亲子阅读，孩子是能够感觉到的，会给孩子不好的阅读体验，建议不要硬撑。如果找不到助手，建议跟孩子坦白地说，爸爸妈妈今天累了，宝宝可以给妈妈或者爸爸讲个故事吗？

当孩子慢慢长大，孩子可能开始排斥亲子阅读和朗读，这个时候迎来第三个挑战。

挑战三：如何保持每天阅读20分钟

孩子排斥亲子阅读和朗读基本有三个原因:第一，随着孩子阅读能力的提升，孩子的默读速度远远超过了朗读速度，因此感觉朗读是不过瘾的；第二，随着孩子自我意识的成长，希望自己的阅读活动更自由，有自己的隐私；第三，有些孩子个性内向，对朗读本能地拒绝，甚至还有一种可能的原因是不恰当的强迫性、灌输性的亲子阅读，造成了孩子的焦虑和反感。

无论是哪种原因，为了继续让孩子保持每天阅读的习惯，可以将睡前的亲子阅读改成家庭阅读时间。更改一种阅读形式，在某个时间段里一家人聚在一起，比如餐厅、客厅沙发、卧室床上都行……每个人看自己的书不需要交流，不需要提问和回答，没有相互打扰，就静静地坐在一起看书就好了。

如果这三个挑战对于你来说都不成问题，你能够做到每天阅读半小时甚至一个小时，自然是一件好事，不过也可能你每天忙碌于工作，找到每天固定的20分钟，颇有难度，不可否认现代快节奏、强内卷的生活，让阅读变得越来越难，但也不是没有办法。

方法一：让书无处不在。在家庭阅读养育中，温馨阅读角书架和阅读角虽然不可或缺，但并不是说孩子的书非得全部放在书架上，孩子非得在阅读角阅读，可以在沙发边、餐桌旁茶几上、枕头边都放几本书，或者杂志，尤其是那些你想要推荐给孩子的书，可以悄悄地装作无意地扔在某些地方，必要的时候还可以混在我们自己看的书里面，说不定会收获惊喜，我经常这样做，建议你也试试。

另外背包里应该永远有一本书，车上也应该放些书，让书无处不在，一方面，当我们眼睛看到书的时候，会不自觉地要翻一翻，另一方面，也可以保证不会出现类似等人排队时，突然想看书却找不到书的情况。

方法二：善用电子产品。如果孩子还比较小，可以考虑利用有声读物，虽然不能代替亲子阅读，但在你比较忙或疲劳的时候，可以做临时的替代品，在交通或者是旅行途中，可以避免无聊和枯燥。

当孩子大一些时，可以考虑kindle之类的电子书，电子书方便存储，藏书量丰富，只要你想到的书，几乎都能够找到或者是免费的资源，而且水墨屏不伤眼睛，非常适用在碎片时间拿出来阅读。

手机阅读或其他屏幕阅读也是一个选项，不过对于孩子来说，可能对视力伤害会比较大，还很难控制，孩子有可能会看着看着就打开游戏或者视频，所以使用时必须要注意控制使用的时间。

相对于传统纸质阅读，电子阅读和有声阅读是有缺陷的，但他们的便携性也是显而易见的，前面也详细分析过，但只要对它们的缺陷有充分的认识和警觉，作为临时的替代阅读和补充阅读是完全没问题的。

另外，我们可以将每天阅读20分钟的家庭阅读活动和前面提到的阅读计划、阅读记录、阅读奖励结合在一起，定好目标，找好书目，用阅读记录来督促，用阅读奖励来刺激，达到每天阅读

20分钟的目标。

如果每天阅读20分钟实在有困难，那么就以一周为一个周期，每周找出固定的几个时间段来完成两个半小时的阅读，也是非常不错的，尽量避免一天猛读，然后好几周也不读的情况出现，"三天打鱼两天晒网"的阅读方式不利于阅读习惯的培养。

有机构做过统计，如果真的能够做到从孩子幼儿园开始每天亲子阅读20分钟到孩子小学毕业，孩子起码会有2,000万字的阅读量，到了高中毕业有4,000万字的阅读量，相当于15倍的四大名著的体量，积少成多，坚持下去，下一个阅读高手就会是你的孩子。

如果你自己没有阅读计划，也没有每天阅读20分钟的习惯，看完这部分内容，就赶紧动手先为自己制订一个未来三个月的阅读计划，用阅读记录监督自己，每天最少阅读20分钟，如果你能够做到，你就可以和孩子一起践行"每天阅读20分钟"的活动了。

第7章

———

打开书，读不进去，怎么办

成熟的阅读者或者阅读高手会特别重视预测和推论，如果用得好能够节省很多宝贵的时间。

自发地开启阅读理解的实时监控是一项至关重要的阅读方法，也是孩子能否成为一个深入阅读者的标志。

第7章 打开书，读不进去，怎么办

1. 猜谜游戏——
提升阅读预测推论能力

书名
封面
作者名
BOOK
目录
封底
出版信息

2. 监控式游戏——
提升阅读跟踪、理解能力

做个小总结
激活元解释
主画面截
自主来解析

大声思考
记住没读懂的信号

重读
大声朗读
连接
释义
总结
暂停

分情况解决来
没读懂的问题

3. 关联游戏——
提升阅读体系

CATAPULT法
THIEVES法
K-W-L法
A9法

文本与自己
文本与文本
文本与世界

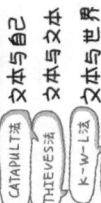

4. 可视化游戏——
提升阅读的生动趣味性

画面呈现
手绘呈现
影视呈现

猜谜游戏——提升阅读预测推论能力

"三分钟热度"其实并不是一个人的缺点，是人常有的习性，要想对某件事保持长期乃至终身的兴趣，必须拥有习惯和能力，习惯可以保证我们在兴趣的倦怠期不至于放弃，能力的不断提升能让我们有机会跃迁到上一层平台，发现更吸引自己的兴趣点，阅读兴趣的保持也如此。

所以，深入挖掘阅读的思考活动非常有必要，基础的阅读方法帮我们保持习惯，能力的提升需要晋升阅读策略，希望这些阅读策略不仅能够帮助你的孩子，也能够帮助你的阅读能力更上一层楼。

阅读就是思考，思考有主动也有被动，主动思考更能深入，被动思考则流于表面，甚至转眼即忘，阅读中的主动思考首先就是预测和推论，就是从已知推理出未知的过程，是自己和自己玩的猜谜游戏。

比如我们看到书名《汤姆·索亚历险记》，就能八九不离十地猜出这是一本探索类的小说，主人公应该是国外的，大概率是一个叫汤姆·索亚的人的传奇经历；再看看封面的图片，又能够预测到汤姆应该还是个孩子；打开章节目录后，有"将军""盗墓者""海盗""营地"……看来这个熊孩子还挺厉害，有趣的事一定不少；看完第一章汤姆和包丽姨妈的几轮切磋可以预测，接下来姨妈对汤姆的惩罚十有八九还是得落空，汤姆一定会想些"鬼点子"躲避她的惩罚……

你可能觉得这有啥稀奇的，人人都会啊，其实不是的，对于掌握了一定阅读技巧并拥有丰富人生经验的成年人来说，这项技能不稀罕，但孩子不是天生就会的。

阅读能力还比较弱的孩子在阅读过程中很少主动去预测和推论，一种可能是理解文字本身已经耗尽了他们的脑容量，没有空间去做预测；另一种可能是孩子还没有这方面的意识，以为阅读就是被动地接受读到的文字以及情节的发展。

一个成熟的阅读者一定擅长预测和推论，会主动和超前去思考接下来故事可能如何进展，或可能会讲到什么，并在阅读过程当中不断地对比自己读到的和预测的，来验证自己的预测，当预测有偏差时，就会开始新一轮思考，决定要不要修改自己的预测，怎么修改更加合理。

学习和掌握这一系列的预测、推论、验证、修正活动，可以提升孩子的阅读理解力和阅读兴趣，可以提升孩子的推理技巧，积累推理经验，对培养思考力和学习力至关重要。

在进行猜谜游戏时需要注意两点，第一，培养孩子主动预测的意识，是让孩子懂得阅读，不是被动接受信息；第二，培养推论意识，预测不是毫无根据地乱猜，而是有根据地推理，这个根据可以从文本内容来，也可以从孩子自身经验来。

阅读前的猜谜非常容易被孩子和家长忽略，很多人读书拿起来就看内容，但成熟的阅读者或者阅读高手会特别重视预测和推论，如果用得好能够节省很多宝贵的时间，保证不在不必要的书上浪费时间。

一看书名、封面、封底、出版信息。这样可以猜猜一本书的题材，包括大致内容、品位、品质和质量。

二看作者。看作者能预测一本书的题材，因为一般著名作家都有自己擅长创作的题材。

三看目录。小说类的题材看目录可以预测作者安排故事情节如何展开；知识信息类的题材，可以预测作者如何编排内容，并思考为什么这样编排，这样编排是否合理，做完这些之后就可以快速浏览内页，看看自己的预测是否正确。

阅读中的猜谜需要动用的知识很多，包括语文知识、已知篇章的内容、写作的背景知识以及人生经验，但不局限于这些，而且它是一个动态的过程，需要不断地思考，不断地修正。

比如，如果孩子知道议论文的一般写作特点，就可以预测作者提出论点之后，会列出论据来支持自己的论点；再如当已知的篇章暴露了人物的性格特点后，可以根据自己的经验预测人物会如何处理当前的困境，还可以从看过的篇章中发现作者的写作模式，预测接下来作者会怎么写……

提出预测需要有一定的证据支撑，接下来的阅读要验证自己的预测对不对？如果不对，为什么错了？是自己理解错了还是忽略了某些细节？是作者设计得巧妙，还是作者写得不合逻辑？当作者提出了新的信息，还要修正和调整前面的预测（图7-1）。

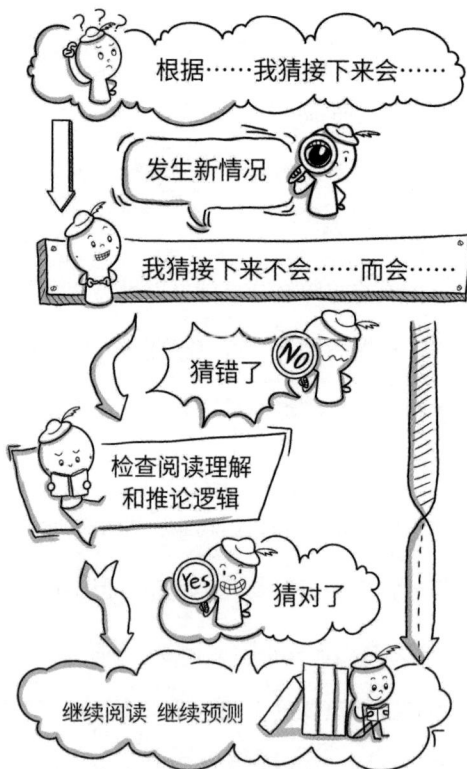

图7-1　我会猜

在家庭阅读养育中有三个方法帮助孩子学习预测和推论。

方法一：猜封面。 和孩子一起逛书店或图书馆时，可以玩猜封面的游戏，在孩子感兴趣的图书区随便抽一本书，一起演习阅读前的预测和推论，而且这个游戏还可以反过来玩，找一本读过的书，一起给书重新写个书名，重新设计个封面。

方法二：暂停键。 无论是和孩子亲子阅读一本新书还是一起看一部新的动画片或电影，在适当的时候暂停一下，和孩子一起预测讨论一下接下来会发生什么，你可以做一个预测，问问孩子怎么看。

方法三：猜凶手。 推理探索悬疑类小说是培养孩子预测和推论习惯最好的题材，由于这种题材的天然属性，读者会不能自控地在脑子里预测——谁是坏人，下一个倒霉蛋会是谁……通过这类题材，让孩子能意识到自己的思考活动，可以把这种思考运用到其他题材的阅读中。

这里我整理了一个可以练习预测推论的模板，当然你完全可以和孩子一起绘制这样的表格（表7-1），也填写这个模板，如果孩子不喜欢动笔，用口头表达的方式也行。

表7-1　预测推论的模板

书名：	夏洛的网			
页码	我猜……（越具体越好）	因为……（运用图片、文字或背景知识）	阅读	我猜对了吗？为什么？

书名:	夏洛的网			
封面	我猜封面的女孩叫夏洛	因为夏洛是个女孩子的名字	阅读	猜错了，人"物"表里写了，夏洛居然是一只蜘蛛
第一页	我猜小猪会被弗恩救下来	因为封面有小猪的图片，所以小猪可能是很重要的角色	阅读	猜对了，弗恩的爸爸同意让弗恩养小猪

  预测和推论的关键是培养孩子的意识，在练习过程中切记不要因为孩子预测推论错了而打击他，更不要让孩子产生挫败感，运用预测和推论的方法，重要的不在于预测的对与错，而在于鼓励孩子主动去思考，强化文本内容与孩子间的关联，这是"从阅读中学习"的必由之路，也是成为阅读高手的阶梯。

  你在阅读中会主动为自己设置猜谜题吗？你觉得预测和推论是阅读中自然而然的事情吗？欢迎来到社群分享你的"猜谜"经验。

监控游戏——提升阅读跟踪理解能力

　　主动阅读的人，在阅读中会打开大脑中的监控器，对自己阅读的理解程度进行实时跟踪和监控，保证自己的阅读没有偏离目标。自发地开启阅读理解的实时监控是一项至关重要的阅读方法，也是孩子能否成为一个深入阅读者的标志。

　　在阅读过程中，阅读者大脑里的监控器会控制自己的注意力，试着问自己这些问题："我分心了吗？我在努力理解我正在阅读的文字吗？我读懂了吗？如何判断自己读没读懂呢？如果我能用自己的话把读过的内容总结复述一下，说明读懂了，否则就是没读懂；如果没有读懂，我是从哪里开始没读懂的，为什么没有读懂？是分心了？还是有些关键的词句不懂，或是内容结构太复杂，没看明白？接下来怎么解决读不懂的问题，我应该怎么做？如果是因为分心没读懂，应该退回到分心前读到的地方进行重读；如果有不认识的字，能不能从上下文猜一下是什么意思，还是要查字典？如果是内容复杂，意思不明白，我应该采取哪些方法帮助理解并解决眼下的问题呢？经过这样的流程尝试，现在我读懂了吗？如果读懂了就继续，如果还没有懂，把问题暂时记下来，或去寻求帮助。"（图7-2）。

你可能又会觉得这算什么知识，每个人阅读时都会这样做的。说实话，还真的不是，孩子并不是一开始学习阅读就知道要打开监控器进行监控的，年龄比较小的孩子，在读书的时候并不知道要关注自己读懂了没有，在年龄大一些但阅读能力仍然比较

图7-2　监控流程

弱的孩子中也一样存在，他们对没读懂的内容，缺乏自我监控意识，也缺乏自我判断能力，而且就算意识到自己没有读懂，又有可能缺乏相应的解决办法。

要让这些孩子意识到这个监控开关在哪儿，再自发地按下开关，这不是一件简单的事情，需要家长帮助孩子掌握监控技能，这样才能提升阅读跟踪理解能力，具体有三个方法。

方法一：大声思考

大声思考就是把我们脑子里想的话大声地说出来，让孩子能听到自己的思考，这样孩子慢慢就明白，原来要这样思考。

用大声思考的方法教孩子在阅读中的自我监控意识。人类的思考是一件非常神奇的事情，它的能量无限，看不见摸不着，所以教孩子如何思考就成了非常难的事情。

在亲子阅读中，除了照本宣科式的阅读，你不妨加入大声思考，比如小说《夏洛的网》，它的开头几段是这样的。

"爸爸拿着那把斧子去哪儿了？"摆桌子吃早餐的时候，弗恩问她妈妈。

"去猪圈"，阿拉布尔太太回答说，"昨天夜里下小猪了"。

"我不明白，他干嘛要拿着把斧头去呢？"只有八岁的弗恩又说。

"这个嘛"，她妈妈说，"有一只小猪是落脚猪，它太小太弱了，不会有出息，因此你爸爸拿定主意不要它"。

这段故事，对城市里的孩子来说，有两个比较难的词，一个是"下小猪"，一个是"落脚猪"，当你为孩子演示"大声思考"时，你需要和孩子约定一些肢体语言，让孩子明白你现在说的话并非是书中的内容，而是你对书中内容的思考。

"爸爸拿着那把斧子去哪儿了？"摆桌子吃早餐的时候，弗恩问她妈妈。

"去猪圈"，阿拉布尔太太回答说，"昨天夜里下小猪了"。

（在这里大声思考：咦？下小猪这个词是什么意思？我知道"下崽"这个词是指动物生小动物，我猜这里的"下小猪"是弗恩家的母猪生了一窝小猪。）

"我不明白，他干嘛要拿着把斧头去呢？"只有八岁的弗恩又说。

"这个嘛，"她妈妈说，"有一只小猪是落脚猪，它太小太弱了，不会有出息，因此你爸爸拿定主意不要它。"

（在这里我们加入大声思考："落脚猪"这个词我没听说过，我猜这是养猪的专业词汇吧，不过从后面说它太小太弱，我猜是指先天不足不容易养活的小猪，不过我还不知道我猜得对不对，你说我们是继续往下看呢？还是上网查一查这个词是什么意思呢？）

通过这种大声思考，让孩子明白，在遇到没有读懂的内容时，大脑并没有闲着。实际上，大声思考还可以运用到生活中的很多方面，对培养阅读的自我监控意识有好处，对提升孩子的思考力更是非常有帮助。

方法二：记住没读懂的信号

记住没读懂的信号，能够提高自我判断力。孩子有了自我监控的意识很好，但如果无法分辨到底自己读没读懂也是很麻烦，什么样才是读懂了，是需要有一个自我判断的过程的。

当孩子大声朗读的时候，从朗读的流畅度和分词断句上，可以判断读没读懂，但当孩子默读时，可以通过以下四个信号进行判断，能提高阅读中的自我判断力，及时发现自己没读懂的情况。

信号一是做不出小结。读懂的一个标志就是能用自己的话把刚才读过的几段或者几页文字总结概括出来，做不到就是没读懂。

信号二是预测无解答。如果在阅读中做的预测和推论，一直找不到解答，这是一个很典型的没有读懂的信号，要么是因为没读懂，预测推论一直在失误，要么是因为没读懂而错过了对预测推论的解答。

信号三是无画面感。阅读的时候，尤其是在读故事的时候，大脑中往往是有画面的，孩子更不例外，一旦画面长时间静止不动，要么是走神了，要么是没读懂。

信号四是陌生的熟面孔。在读故事的时候，如果你记得这个角色出现过，但就是想不起他是谁，那不用说，你没读懂，你可能说我只是忘了，但忘掉也是一种没读懂。

方法三：分情况解决没读懂的问题

当孩子发现自己没读懂时，有些方法可以解决眼下的困境，不同的情景和原因用不同的方法。最常见的有6个：**重读、大声读、继续读、调速读、读细节、求助**。

当没读懂是因为分心造成的，或因为句子太长、结构太复杂造成的，重读往往能够解决这个问题；如果还是不行，可以尝试大声朗读出来；有时候重读不能解决问题，尤其是在读小说的时候，作者可能故意制造谜团，增加故事的吸引力，所以解决的办法是往下读。

大多数时候遇到不好读懂的内容，把阅读速度降下来一字一句慢慢读。但在读知识信息类图书的时候，有时反而需要加快阅读速度，快速地阅读整个章节，通过把握整个框架帮助理解，从而解决读不懂的问题。

让孩子懂得阅读速度不应该是均匀的，调速度是阅读的一项重要技巧。

另外，除了正文，还要多注意梳理图片、图表、注释和附录……这些内容很可能帮助解决眼下的问题。

最后，所有办法都没有效果的时候，就去求助吧，或者看看有什么资源可以利用的。

关联游戏——提升阅读体系

相信你一定有这样的体验，即学习自己本专业或者本职工作相关的新业务有一定的难度，就往往想学习一个全新的专业或行业的入门知识，但你有没有想过为什么呢？都是学习新的东西，为什么有的容易有的难呢？

这就涉及大脑吸收新知识的一个特点：凡是能与我们大脑中已有知识产生关联的，大脑就会比较容易记住，并且把它纳入自己的认知结构里，反之，大脑理解起来就会比较费劲，记起来也会比较困难。

当我们学习本专业的新知识时，由于大脑中有丰富的知识储备，可以与新知识关联，所以学起来就会很容易，而入门一个全新的领域，大脑中可以产生关联的知识太少，学起来便会格外困难。

阅读也是一样的，当孩子阅读的文本与孩子自身的关联越多越强，孩子对文本的理解也会越来越深，从文本获取的信息也会越多，阅读的构建能力就会越来越强。

当谈到阅读的关联游戏，一般会划分为三个方面。

第一是文本与自己。就是指文本与孩子自身知识、个人经历、个体感情感受的关联。

第二是文本与文本。就是文本与孩子读过的其他文本的关联，可以是同样内容的文本、同一题材的文本、同类作者的文本、同类风格的文本等。

第三是文本与世界。就是文本与孩子生活的世界，这个世界既可以小到孩子、家庭、学校这个小世界，也可以是祖国、社会，这个不大不小的世界，还可以是整个自然界、全球社会，这个大世界。

阅读中遇到新鲜内容的时候，可以运用关联游戏，让内容更快地留在孩子大脑中，作为家长，也可以利用关联游戏工具来辅导孩子掌握这一方法，在进行关联时，不必每次都强求三个关联面面俱到，可以根据具体情况，选择最合适的1~2个关联。可是如何进行关联呢？有4个具体的方法：CATAPULT、THIEVES、K–W–L、AG，这是我在学习儿童阅读推广人佐撰老师的阅读课堂上总结的，分享给大家。

这4个方法的运用对家长提出了比较高的要求，需要家长提前泛读或者浏览一下要读的书，思考一下书和孩子在三个方面能建立什么样的关联，以及可能会遇到哪些必要的知识背景才能够更好地建立关联。这4个方法我都准备了相应的小工具供大家参考（欢迎加入我的社群，我分享给你）。

1.CATAPULT法

这是一种阅读前的关联，适用于文学故事类的图书，快速浏览封面及内页，然后唤醒背景知识和个人经验，从而更好地进入故事情节。

CATAPULT这个词是英文首字母的缩写。

C就是cover。通过封面和封底的图案文字，想想这本书可能会告诉我们什么。

A就是author。想一想关于这位作者我都知道些什么？

T就是title。说明和目录都给我了哪些暗示呢？

第2个A是audience。想想作者是为哪些人写的这个故事，我是作者的目标人群吗？

P是page one。读一读第1页，从我的个人经验来猜一猜这个故事可能讲的是什么。

U是underlying message or Purpose。根据上面想到的进一步思考，作者有可能要传递的内在信息和可能的意图。

L是look at visuals in the text。看一看插图和插画能暴露什么更多的信息。

第二个T就是time place characters。想想故事发生的时间、地点、主要人物，猜猜故事有可能会如何发展？

使用本策略的时候，可以配合使用工具包里的提醒卡。

2.THIEVES法

这个方法更适用于知识信息类的图书，它升级了部分阅读中和阅读后的活动。

T是title。从书名或主题思考，这本书要告诉我们什么？

H是headings。指目录和每个章节里的小标题，想想针对这些目录和小标题，我能提出什么样的问题。

I是induction。就是介绍，如果每个章节有简介就看看简介，否则可以看看头一段的内容，想想作者的写作目的是什么。

E就是everything I know。列出来这本书要涉及的主题，我都知道些什么。

V就是visuals。在阅读中要关注表格、图表、图画，想想它们在书中所起的作用，我对他们能够提出什么样的问题。

第2个E是end of chapter material，不要跳过每个章节最后的总结，想想自己阅读过程中的领悟和作者的总结是否一致？差异在哪里？为什么？

S是so what。最后是为什么我读了这本书？为什么我对他感兴趣？我跟他有什么关联？下一步我能做什么？

你可以把工具包里的书先打印在印纸上，裁剪成书签，这样孩子在读书过程中可以一直起到提醒的作用。

3.K-W-L法

K是what I know的know"我知道的"；W是I want to know的want"我想知道的"，L是what I have learned的learned，"我学到的"。

这一方法可以在阅读前和阅读后使用，在阅读前请孩子思考，关于这本书或者这篇文章相关的内容，我已经知道了什么，并尽可能详细填写在这个模板当中的K那一栏，再去思考关于这本书、这篇文章，我想知道什么，填写在W那一栏。

这两项思考就是在唤醒孩子脑子里储备的旧知识，让相关已有的知识处于激发状态，这样在阅读中就有了更大的可能与读到的内容发生化学反应，从而建立关联，在阅读完成后，请孩子们去思考，我从这本书或者这篇文章当中学到了什么，填写L那一栏。这样做了之后，可以加固阅读产生的知识关联。

另外，关于K-W-L法还有相关的升级版，在升级版中对K的思考，也就是在"我知道的"这一部分增加一个思考项，我知道的是否得到了确定，因为有可能孩子知道的信息是错的或者是片面的，在阅读完成之后需要重新评估。

4.AG法

AG其实就是Anticipation guides，即预测指南。这个方法在家庭阅读养育实操中更适用于引导青春期或青春前期孩子的批判性思维，适用的文本是孩子不太熟悉的小说，相比来说这个方法对家长的要求比较高，所以放在这里供大家去选择性地使用。

在孩子开始阅读一本小说之前，我们需要先通过小说，提出几个有争议的是与不是的答案，不涉及对错的论述，这些论述要与小说内容相关，找个放松的时机，带孩子开始阅读之前跟孩子聊聊这些论述，看看孩子会回答是或不是，听听他们为什么会做出这些判断，注意可以引导孩子去表达，也可以和孩子简单地进行辩论，但尽量不要剧透，也不要求认同，更不要说孩子的回答是对是错。

聊完之后，孩子开始阅读，阅读后可以重新回答这些论述，对比前后的差别分析，为什么自己的答案有或没有改变。

这里的重点是论述的设计要有争议，而且回答一定是或不是，同时无论孩子回答是还是不是都没有对错之分。

举个例子，请你考虑下面4个论述，回答是或不是。

①如果你想成为一个好公民，你应该总是按政府期望行动。

②强力政府宣布的犯罪是错误的。

③如果你的食物有限，住处有限，正竭尽全力让自己家庭活下去，别人不该希望你照顾其他人，让你自己的供给消耗得更多。

④做出很残忍的事的人，仍然有可能是个好人。

这4个论述是一位美国老师针对《安妮日记》这本书设计的。《安妮日记》是犹太少女安妮·弗兰克在二战时期遗留下来的一本日记，记录了犹太人逃避纳粹迫害，而不得不隐蔽于密室中长达两年的生活，这4个论述包括了《安妮日记》这本书涉及的重要思想冲突。

在阅读前引入这些论述，可以预热孩子在阅读过程中的思辨，从而让孩子能够更深入地思考和理解书中的内容。

阅读后再重新让孩子回答这4个问题，对照阅读前的回答分析自己思想变化的过程，必然能够帮助孩子的批判性思维成长，这就是AG方法的作用。

关联游戏的核心是让阅读的内容与孩子大脑中已有的信息和知识建立更多、更强、更深的关联，这种关联可以包括三个方面，即文本与自己的关联、文本与文本的关联、文本与世界的关联，在这个基础上又介绍了4个关联的方法，每个都有相应的模板，一定记得向我进行索取。

在家庭亲子阅读中，你是如何引导孩子把所读的内容与孩子自身建立关联的呢？欢迎来社群分享你的经验。

可视化游戏——提升阅读的生动趣味性

世界最古老的文字的历史也才只有五千年，人类大脑对文字的处理是一个需要后天努力学习才能够掌握的技能。但大脑对图像画面的处理就容易多了，如果能够把文字变成生动细腻的画面，无论对理解还是对记忆都是有极大的好处的，我们可以想象自己印象最深的诗歌、散文、小说等文学作品是不是每一篇都在你的脑子里对应一幅图画，甚至一部自编自导的小电影，所以说教孩子把文字阅读可视化，有助于孩子阅读能力的进阶。

文字阅读的可视化游戏，分别是画面呈现法、手绘呈现法以及影视呈现法。

方法一：画面呈现法

画面呈现法顾名思义就是看到文字同时在大脑中产生画面，这种可视化比较适用于文学作品。

有家长问，我的孩子读小说读得超级快，问他故事梗概也是答不上来，可我老觉得他没有仔细读。我说有机会你可以试探一下，大概率孩子在读书的时候只读了情节，跳过了那些人物描写、环境描写、甚至心理描写的段落。

追求故事是人的天性，但孩子还不擅长把文字描写变成画面的时候，他们就会大段大段地跳过这些内容，丢弃掉经典文学中最有味道的东西。也常有人问为什么我的孩子看了那么多的书写作还是一塌糊涂，我对这些家长的建议是，除了反省一下是不是孩子写得太少，还要担心孩子到底读到了什么。

我们要让孩子知道画家用颜料绘画，而作家用词语在读者的大脑里作画，但是再好的作家也需要孩子的配合，需要孩子把那些文字变成脑子里面的画面。

你可以和孩子做练习，把文字变成大脑里的画面，不过你要注意的是，有些文字是很容易唤醒画面感的，而且脑海中的画面感差别都不会很大，比如五星红旗、一轮满月、高大的松树等这些文字唤醒的画面感会因人而异。

比如一位慈祥的老奶奶，一只乖巧的猫咪孩子，想象老奶奶的画面可能是自己的亲奶奶，也有可能是邻居家的奶奶，甚至是电视剧里的奶奶，猫咪也有可能是小橘猫，更有可能是波斯猫，这是要看孩子生活的经历，同样受到生活经历的影响，从来没有见过大海的孩子很难对海上辉煌的落日产生画面感的。

画面感的一个重要来源是经验，没有经验就难以想象，有了经验还需要有吸引力的观察，比如"云破月来花弄影"这句诗，如果从来没有带孩子在夏夜花园去散步玩耍，没有引导孩子欣赏暗夜、空中的流云、月下花影的暗香浮动等，孩子就想象不出这幅画面，也体会不出这句诗的美。

在阅读中鼓励孩子在大脑中作画，如果孩子读的文学作品有插画，那么一定不要轻易放过，对于想象力强的孩子，可以和孩子一起讨论插画跟孩子自己头脑中的画面有什么样的差别，对于想象力弱的孩子可以以插画为基础，让孩子加上自己想象的细节。

举个例子，上海译文出版社2004年出版的《夏洛的网》，正文第3页是幅插画，画面上，女孩弗恩在抢夺父亲手中的斧头。

有人说这个插画里的女孩的画风与文字描写的弗恩娴静的画风不相符合，但是也有人说，这幅画充分表达了温柔安静的弗恩，听到父亲要杀掉小猪时的震惊和愤怒，当然这并非对错之争。

我们要做的就是让孩子主动在大脑中作画，对比自己脑海里的画面与插画的异同，从而更深刻地理解和挖掘文字背后的意思。

方法二：手绘呈现法

手绘呈现法包括把孩子想象出来的画面画出来，比如绘制图表、思维导图、简报……把文字概括提炼成可视化图像。

在阅读中如果读的是绘本，可以鼓励孩子续写绘本，如果读的是文字书，可以鼓励孩子画出自己想象中的人物和场景，还可以请孩子把自己编的故事画成连环画，这些都是培养阅读可视化的好办法。

教育学和心理学的研究证实绘画对激发孩子的想象力和创造力，表达和释放孩子的情绪以及开发孩子的认知能力，都有极大的好处。

如果你的孩子还小，强烈建议你在家里为孩子创造一个可以随手涂鸦的环境，如果你居家宽敞，还可以考虑为孩子准备一个大白板，或者可以为孩子准备白纸和彩笔。出门旅行可以为孩子随手携带简易的素描本和画笔，见到什么画什么，你不必非要送孩子去美术班学习正统的绘画技巧，每个孩子天生就是画家，我们做家长的，只要给孩子一支笔不打击不批评，也不过度要求，让孩子随心所欲地画就好。

如果你的孩子已经大了，还可以和孩子一起就最近阅读的内容，做一页A4纸的简报或者画一幅思维导图，这不但可以帮助孩子梳理阅读过的内容，锻炼概括提炼的能力，也有助于通过可视化内容加强理解和记忆。

方法三：影视呈现法

可能你会说，我的孩子已经长大了，错过了从小培养绘画和想象力的时间，现在就算鼓励孩子在脑中作画，孩子也画不出来。

其实有些书中的画面就算孩子有足够的绘画能力，受限于孩子的个人经验也很难想象出来，更别说要画出来。比如外国名著里描写的一些风土人情或者一些久远的历史时代等，这些孩子没有经历过，的确不容易在脑子里作画。那么你还可以借助影视作品来丰富孩子脑中的画面储备，在文学领域大部分经典名著都有对应的影视作品，有的甚至已经翻拍了好几个版本，在知识信息领域，历史、地理、天文、生命、科学、技术、艺术等方面都有充足的高品质纪录片。借助影视剧帮助孩子对经典名著进行可视化引导，也是可以分为两种情况的，一种是先看原著再看影视，另一种是先看影视再看原著，前者是用于加深孩子对原著的理解，后者适用于当孩子暂时对读书没兴趣的时候，用影视剧把孩子的兴趣吊起来。

无论是哪一种方式，记得跟孩子讨论，你脑子里原著的人物形象和影视剧有什么差别？你想象的背景环境和影视剧一样吗？影视制作与原著做了哪些改编？你对这些改编是怎么看的呢？这些改编会影响你头脑里的"小电影"吗？

要注意的是使用影视呈现法的目标是激发孩子用文字作画的能力，而不是用影视剧来代替孩子的想象力，因此事后的聊天讨论一定是不能够省略的。

当运用画面呈现法时，要注意与孩子的个人经验相结合，结合平时培养孩子的观察力，运用插图插画激发孩子的想象力；当运用手绘呈现法时，平时要鼓励孩子多读书，用绘画激发孩子的想象力，阅读中鼓励孩子把头脑中的画面画出来，或者在阅读完成之后绘制图表、思维导图、简报……当孩子遇到想象力困难的时候，可以运用影视呈现法，但一定要记得事后讨论。

第8章

合上书，就失忆，怎么救

优秀阅读者，阅读前一定会确定自己的阅读目的和要达成的目标。

出声朗读最大限度地激活了大脑中视觉和听觉两条语言理解通道，足以解决简单的理解问题。

8章
合上书，就失忆，怎么救
3个方法，让书中内容稳心中
1 复述清单法 熟悉清单，用孩子熟悉的故事做练习，正式复述可拿清单提示
2 故事梗概法 某人……想要……但是……所以……于是
3 复述总结法 通过文本的中心思想或要点，了解作者意图，分析文本结构帮助
3种重读，提升孩子的阅读能力
1. 愉悦性整书整篇重读
2. 加强理解性部分重读
3. 信息处理重组式重读
同义词替换
同句型结构造新句
1个流程，让阅读能力显优秀
• 做个预测
• 问些问题
• 澄清未知
• 表达看法
• 关联回忆
1种读法，让阅读问题速解决
• 为孩子朗读是培养孩子阅读习惯最简单有效的办法
• 影响阅读理解力的一个因素是意愿因素
从前有个山 山里有个庙
图：蜗核桃

3个方法，让书中内容稳心中

网上有一句顺口溜"打开书全会，合上书全废"，以此来形容孩子在考试前的状态，这句话同样可以形容孩子们的阅读状态，"阅读时全懂，合上书全忘"，故事情节、知识信息全部抛到脑后了。

这种"阅读后失忆"状态的出现可以用这3个方法来解决，即复述、讲梗概（故事类）、总结(知识信息类)。

复述是把整个故事按照事件发生的前后顺序相对比较详细地讲述一遍，尽量用自己的语言，也可以用书中的词语。**讲梗概**是用简单的几句话概括整个故事，一般要求用自己的语言讲述。但在有些场合这两个方法也没有那么清晰的界限，也会互相混用。

按照儿童认知发展的特点，每个年龄段孩子能达到的复述能力也有所不同。

学龄前的孩子不能完全掌握复述的方法，让他们复述故事时，会表现出在努力背诵时哪怕是一知半解的词，也会背出来。

当孩子上了小学之后，他们会慢慢掌握复述的方法。我国小学阶段的语文教学大纲中要求，二年级学生需要借助图片讲故事；三年级学生需要学习详细复述；四年级学生需要学习简要复述（即故事梗概）。

学龄段的孩子，不会复述故事或讲不好故事梗概，有可能是没有完全读懂故事，有可能是不知道如何概括和组织语言。

方法一：复述清单法

在复述故事时，孩子经常会遇到这些问题，比如：忘记故事的部分内容或前后次序混乱；不知道如何组织语言，说起来结结巴巴，前言不搭后语；忘记故事的一些基本要素，如人物、地点、时间、事件、冲突等，或掌握不牢，讲起来丢三落四。

但其实复述清单法的原理不难，注意下面12项要点就可以相对完整并准确地复述一个故事，全部满足这12项肯定是最好的，但最好是根据孩子的年龄和能力来进行精简。

①介绍故事的标题和发生的时间、地点。

②介绍主要人物的名字和人物之间的关系。

③确定谁是主角，谁是反派。

④确定所讲故事的主要事件。

⑤主要事件要按发生的顺序讲。

⑥对事件的发生提供必要的细节。

⑦内容符合常识。

⑧有组织有逻辑。

⑨对故事的主要矛盾、冲突要详细介绍。

⑩解释主要矛盾、冲突是怎么解决的。

⑪与其他故事或现实生活建立联系。

⑫表达自己对故事的看法。

一开始用复述清单法练习时，首先需要让孩子先熟悉清单的各项内容，确保孩子懂得每一项要求；其次用孩子比较熟悉的某个故事做练习，让孩子按照清单上的每一项准备自己复述的内容；最后在正式复述的时候，可以允许孩子拿着清单作为提示（不是拿着自己准备的清单进行复述，而是拿着复述清单，作为提醒自己复述内容的工具）。

家长可以在孩子知情的情况下，把孩子的复述记录下来，孩子复述完成之后，和孩子一起重听，对照清单检查，哪里漏掉了、哪里需要修改？经过反复练习，孩子就能够把清单深深印在大脑里，慢慢就不必再拿着清单进行提示了。

方法二：故事梗概法

一个标准的好故事，必须有人物、目标、冲突、结局，这些与情节相关的要素，基本都可以简述成某人，其目标是想去做一件事或想要某样东西，但遇到了某些困难或冲突，所以发生了某事，产生了某个结局。

故事梗概法即用"某人……想要……但是……所以……于是……"，这样一个基本句型概括一个故事。

以灰姑娘的故事为例，用故事梗概法就是灰姑娘想要去参加王子的舞会，但她的继母和姐姐不许她去，所以仙女帮她变出马车和漂亮的衣服，她穿着漂亮的水晶鞋去参加舞会，于是她遇到了王子并和王子相爱并幸福地生活在一起。

你可能会说灰姑娘的故事没有这么简单，灰姑娘遇到王子之后还发生了很多事情，比如她丢了水晶鞋，王子靠着那只遗落的水晶鞋找到了她，最后他们才幸福地生活在一起，这些情节也很重要，用故事梗概法就要省略这么多吗？其实不是，我们可以把故事大致分为几个阶段，每个阶段都可以用故事梗概法的基础句式，概括汇总出更加详细的故事梗概，灰姑娘的故事可以先分为三个阶段。

第一阶段就是灰姑娘在舞会上遇到了王子。使用故事梗概法可以这样概括：

灰姑娘想要去参加王子的舞会，但她的继母和姐姐不允许她去，所以仙女给她变出了马车和漂亮的衣服、鞋子，马车载她去舞会，于是她遇到了王子。

第二阶段是灰姑娘丢下了水晶鞋。使用故事梗概法概括：

王子想要和灰姑娘在一起，但仙女的魔法在午夜12点会消失，所以灰姑娘在午夜前逃出了皇宫，丢下了水晶鞋，于是王子在全国寻找能够穿得上水晶鞋的姑娘。

第三阶段是王子寻找灰姑娘。使用故事梗概法可以这样概括：

灰姑娘的两个姐姐想要嫁给王子，但她们的脚太大了，怎么也挤不进水晶鞋，所以只好让灰姑娘试鞋，于是王子找到了灰姑娘，他们幸福地生活在一起。

这样一来，一个更详细的故事梗概就完成了。利用故事梗概法的基础句式，可以很方便地将故事情节的曲折概括出来。

故事梗概既可以是口头的简要形式，也可以是书面的正规书写，我介绍的是口头的简要形式。

如果孩子需要练习书面写作形式，可以在这个基础上充实一些必要的细节，使用书面的语言进行润色就好了。

复述清单法和故事梗概法主要针对文学故事类作品，对于学校教育来说，也是极其适用的，通过这两种方法可以得到很好的训练。而知识信息类的作品，复述和总结能力则为关键。

方法三：复述总结法

通过4个步骤就可以对知识信息类的文本进行复述总结：

①通过文本的中心思想或要点（这篇文章或这本书到底是写什么的）。

②了解作者的意图（为什么要写这篇文章或者这本书）。

③**分析文本结构**（这篇文章或这本书是偏重于描写特性和举例还是偏重于顺序记述？是比较异同还是讲述因果？或是提出问题解决问题？）。

除此之外，还可以看看标题、图片里有没有被遗漏的重要信息。

这三个方法都有相对应的模板提示卡和工具包，但需要注意的是，一般而言，孩子到了上学后的年龄才能够更好地理解和掌握以上方法，在学龄前则倾向于背诵。

以上是这一节的全部内容，你的孩子在复述、梗概、总结方面做得怎么样？你有什么样的困惑、困难或者经验吗？欢迎来到我的共读社群进行分享。

3种重读，提升孩子的阅读能力

不管你的孩子现在多大，只要开启了阅读之旅，就一定有过某本书或某几本书，是孩子读了一遍又一遍的，跟你反复讨论，要你反复讲解的，为什么孩子总是喜欢反复读这本书呢？这就是重读带来的魅力，重读是一项能够提升阅读兴趣和阅读能力的重要方法。

重读有很多种形式，其目的也有所不同，大到整书整篇重读，小到句子、段落、篇章的部分重读，重读的目的也时时不同，有可能是为了增进理解，也有可能是愉悦自我，甚至只为了读着开心，看了高兴，或是查阅信息、自我提升。

对于重读，在儿童阅读发展的不同阶段重读策略有不同的侧重点，其形式和目的是有比较大的差异的。

第一种：愉悦性整书整篇重读

玩书游戏期和图文阅读期，需要的是愉悦性的整书整篇重读。

我儿子月饼在会讲话的时候，每晚都有半小时以上的亲子阅读，家里他的藏书数量也不少，在这些书里总有那么一本是已经读过无数遍的，每个时期，最爱的那几本书都不一样，比如说《晚安，月亮》《猜猜我有多爱你》《十二生肖》《老狼来了》……更大的可能是同一时期有三四本最爱，每晚轮番拿起来重读一遍，有过陪孩子进行亲子阅读经历的你，一定能体会到这种感受。

从功利的角度来说，这样的重读形式，对学习语言韵律、积累基础词汇、提高阅读流畅度以及提升理解力极其重要。

从非功利的角度来说，这种重复性阅读可以满足孩子的阅读安全感，能给自己带来单纯的快乐，非常有利于阅读兴趣的培养。

当然，对于父母来说，单调重复的阅读却不一定总是愉快的，父母甚至会抱怨："明明读了很多遍了，而且孩子还都能背下来，可为什么还要反复让我读，我觉得很没意思，很累，该怎么办？"家长的倦怠可以理解，但该读还得读，成为阅读高手哪有那么容易培养呢，不过可以使用下面一些小技巧来缓解你的倦怠，同时提高阅读乐趣。

技巧一：同义词替换。以母鸡萝丝去散步为例，第一次母鸡萝丝出去散步，可以改成母鸡萝丝出门去遛弯，母鸡萝丝出门去走走，母鸡萝丝出门去逛逛，母鸡萝丝出门去溜达等。

你可以先改个词，观察孩子的反应，一般来说孩子会非常敏感地指出，爸爸妈妈你读错了，这样你就可以接下来跟孩子玩游戏，让孩子也来替换同义词，如果孩子没有发现，很可能说明孩子还没有真地掌握这个故事，你可能还要继续照本宣科读一段时间。

技巧二：同句型结构造新句。还是以母鸡萝丝去散步为例，里面有一段同样的句型结构，即"走过院子，绕过磨坊，穿过篱笆，钻过蜜蜂房"，让孩子尽情发挥想象力，甚至可以跟孩子一起，把孩子造的新句画成一本新的母鸡萝丝去散步的绘本或画面。

第二种：加强理解性部分重读

解码阅读期和危险过渡期的重读是加强理解性的部分重读。

我们成年人都知道，如果一段文字没读懂，就往回重读一遍，但刚开启文字阅读之旅的孩子却不知道重读。

如果你陪孩子写过作业，应该有过"孩子做应用题时，大声高喊爸爸妈妈这题我读不懂"的经历，但你提醒孩子重读一下，不用你多说话，他们自己就懂了，可孩子自己就是想不起来重读，**这就是要我们及时提醒孩子。**

家长少代劳、多提醒的方式会逐步让孩子意识到：重读可以提高理解力，要有自觉使用重读方法的意识。

这两个时期还可以和孩子练习——**首次泛读+二次精读的重读方式**，即第一遍，通过快速浏览，掌握文章的结构、主题、要点；第二遍，通过慢速精读，发现更多细节。练习时需要根据孩子的阅读能力，选择一篇1000~2000字的知识信息类文章比较合适，这种从粗读到细读的重读方式对理解和记忆格外有效。

第三种：信息处理重组式重读

综合阅读期和深入阅读期是信息处理重组式重读。

从孩子的角度看，如果一本书能吸引他反复阅读，不管这是本什么样的书，都一定满足了孩子某一方面的精神或心理需求，对孩子来说，重读是非常有意义的事，绝对不是浪费时间的事。

一些经典好书值得孩子多读几遍。这里所谓的"经典"是指书的层次远远超越了孩子的认知，每次读都能读出一层新意，每一遍重读孩子都能获得一次心智的成长，在做备选书单的时候应该为重复孩子喜欢的书或重读经典，安排更多的机会。

当孩子反复重读经典时，你可以给一些提醒或与孩子讨论进行互动。

如果是虚构类的作品，鼓励孩子关注重读时发现了哪些新细节，是否有新的感悟，对人物有没有新的认识，多品味文学语言的韵味，摘抄好句、好词，了解作品创作的背景或故事发生的背景；如果是非虚构类作品，鼓励孩子做笔记，聊一聊重读后学到的新知识，有没有相关的行动计划。

在我提出要教孩子重读时，家长们会问，那一本书到底读多少遍才算够呢？

莫提默·J.艾德勒在《如何阅读一本书》中提到："你怎么

知道不用再读那本书了呢？因为你在阅读时，你的心智反应已经与书中的经验合二为一了，此类书会增长心智，增进理解力，就在心智成长，理解力增加后，你了解到——这是有点神秘的经验——这本书对你以后的心智成长不会再有帮助了，你知道你已经掌握这本书的精髓了，精华也完全吸收了。你很感激这本书对你的贡献，让你知道它能付出的仅止于此了。"

所以当孩子进入深入阅读期时，他不想再读这本书了，说明这本书就不需要再读了。

1个流程，让阅读能力显优秀

　　一个优秀阅读者，在阅读过程中基本都会使用到前面介绍的方法，无论是猜谜游戏，还是监控游戏、阅读可视化游戏，或关联游戏、复述和讲梗概以及重读，这些方法之间并没有泾渭分明的界限，比如理解监控和可视化有互相促进的作用，关联游戏和猜谜游戏也有千丝万缕的联系，进行复述和讲梗概的时候，几乎不可避免地要重读，因为他们明确自己期望达到的阅读目标。

　　一个优秀的阅读者根本不会停下来想，一定是自觉自动地做：

　　"这里我得结合一下我的背景知识。"

　　"现在我需要做一个预测，我得在脑子里画个图把文字可视看一下。"

　　"我应该测试一下我的理解程度，把前面读过的内容做个小结。"

　　美国斯坦福大学老师Jelf Zwiers（杰尔夫·茨维尔斯）绘制了一张优秀阅读者的阅读流程图，这张图解释了优秀阅读者的脑部活动（图8-1）。

图8-1　阅读流程图

优秀阅读者，**阅读前一定会确定自己的阅读的目的和要达成的目标。**

阅读中会不断地确定所读内容是否跟目的相关，有没有正在接近设定的目标。如果不是，会判断是自己的理解出了问题？还是书与自己的目的和目标不符合。

阅读中会不断地把阅读到的内容与自己已有的知识相关联，并进行小结，更新自己的认识。

阅读中会不断地作出预测和推论，一边验证自己的预测和推论，一边根据验证结果产生新的预测和推论，验证通过的放下，验证失败的调整新的预测和推论。

在整个阅读过程中，**优秀阅读者的大脑会不断地提出问题，并在后续的阅读中寻找答案，一个问题解决了又有新的问题产生；**会在大脑里自动搜集阅读中遇到的生词，通过上下文猜测生词的含义；不断地在大脑中汇总所得到的文本主题思想和要点，并保持内容随阅读进展而更新。

在通往优秀阅读者的道路上，已经成为优秀阅读者的并没有要停顿下来去运用所有的阅读方法，但是你要让孩子停下来，停下来去想一想。因为**停下来是成为优秀阅读者的一种练习方式，**这种方式特别适合亲子阅读。

具体流程可以这样操作：选择一本没有读过的书或一本书里还没有读到的章节（根据孩子的阅读能力，阅读能力较强，可以让孩子读完书的其中一章；孩子小或阅读能力较弱，可以适当缩短读完一页，甚至只是一段），然后合上书，与孩子聊书。

1.做个预测

预测后面情节如何发展，预测人物可能的反应，或预测作者接下来会说什么，尤其注意带有明显上下文连词或顺序关系的段落和句子。

比如前面有"因为"，后面就应该有"所以"；开头说了有三个主要特点，已经说了一个特点，下面就应该讲第二个特点。这些看似简单的预测，能帮助孩子熟悉和掌握文字的逻辑结构。

2.问些问题

有效阅读时脑袋里一定是装满问号的。通过提问可以培养孩子的深入阅读习惯，在前面的中篇强调过，提问起到的是外部强化作用，与此同时，我们应该给孩子练习和掌握自己向自己提问的技巧。不要介意孩子问的问题是不是有水平，重要的是培养提问的意识和意愿。

比如"这句话里的'他或她'指的谁"；"为什么主人公要做这件事？"；"如果主人公不这样做会怎么样？"；这个字或这个词怎么读？等等。

3.澄清未知

问孩子，这一段或者部分内容的阅读，有没有解答他生活中遇到的困惑，或是否解答了他前面阅读中的问题。

4.表达看法

鼓励孩子表达个人观点或看法。比如喜欢或不喜欢哪个人物；对某段描写有什么想法；是否同意作者的观点……如果孩子表达纯粹的个人感受，请不要批评所表达出来感受的对与错（因为人的感受就是一个实实在在的体验），而是应该引导孩子说出**哪些内容使他产生这种感受**。可以使用"我喜欢或者讨厌……，因为书中提到……"这样的句型来练习表达自己的观点、看法或感受。

5.关联回忆

内容与自己、内容与内容、内容与事件，回忆这三种关联中的任何一种都可以。

请孩子想一想自己或者自己的朋友，有没有跟书中人物相似的经历或相似的性格；书里提到的知识自己原来是否知道；书里讲的有没有跟自己以前知道的不一样；怎么判断自己原来知道的是对的还是书里写的是对的；有哪些书跟这段文字有关系；这段文字里有什么能跟我们周围的世界产生联系……

故意制造阅读中的停顿机会，督促孩子去思考读过的内容。通过反复练习，孩子能习惯这种思考，当他成为一个优秀阅读者之后，这样的故意停顿就会成为大脑中自然而然的习惯，不需要提醒，也不需要真正的停顿。

当然做任何事情要把握好度，这样的练习不能太密集，否则会让孩子反感，更重要的是**那种情节特别紧张、紧凑的故事书，不太适合用这样的流程，会毁掉孩子的阅读乐趣。**

最后期待以上的所有方法能够让你和孩子的亲子阅读和家庭阅读更有趣、更温馨、更高效、更长久。

1种读法，让阅读问题速解决

我相信看了这本书的你，无论出于什么目的，都已经在心里认可了阅读的价值，并且希望孩子能够成为一个热爱阅读的人。可是现实并不乐观，古今中外热爱阅读的一直都是少数人，养个阅读高手并不容易，既要坚持不懈地培养孩子的阅读习惯，又要持之以恒地提升孩子的阅读能力，只有在阅读习惯和阅读能力互相促进形成良性循环的时候，才有希望养出一个阅读高手，无论这两者哪一个松弛掉都会把另一个给拖下水。

到底有没有既能够培养阅读习惯，同时又能够提升阅读能力的方法呢？当然有，那就是朗读——解决阅读问题的万金油。如果前面的方法太多，让你记不住也用不过来，现在只要记住这唯一的方法——朗读。

这个方法适用于所有年龄段的孩子，不仅能够培养阅读习惯、提升阅读能力，还能使亲子关系格外亲密，一举三得。

为孩子朗读是培养孩子阅读习惯最简单最有效的办法。从月饼2个月起，我们每天都有半小时左右的亲子阅读时间，实际上半个小时常常不能够让他满足，尤其是当新书或者从"好奇说"借阅的书到家时，他可以一直不停地听我给他读书，直到我读得嗓子眼都冒烟了，与他商议今天就到这里吧，明天继续。有一本经典绘本《小猪奥莉薇》，主人公奥莉薇每天都捧一大摞的书让他的妈妈给他念书，月饼也是一样的。

在我的经验里，不喜欢坐在大人怀里听故事的孩子，真的很少见。哪怕初次见面的孩子，只要把他抱在怀里开始读绘本，几乎都会安静下来听我读。当然为孩子朗读，你不必总是亲自上阵，爸爸妈妈可以轮流，爸爸妈妈太忙的，爷爷奶奶、外公外婆也行，育儿师也可以，能读书的哥哥姐姐也好，朗读时你不需要有朗读天赋和技巧，不要心不在焉、敷衍了事就行，如果能够声情并茂、手舞足蹈，那就是锦上添花的事。

为孩子朗读，还是提升孩子阅读理解力的好办法。影响阅读理解力的其中一个因素是意愿因素，如果我们是怀着热爱和热情给孩子朗读，肯定孩子的意愿因素是满满的。

当你给孩子朗读时，是在与孩子直接对话，任何生词或难理解的句子，不知道的背景知识、文化上的差异都能跨越，所以这些会影响到孩子理解力的文字、认知、文化因素都不再成为问题。

正常情况下，孩子10岁左右的阅读能力是可以应付章节式儿童读物的，但如果你给孩子朗读的话，七岁、六岁、五岁的孩子也能够理解这个难度水平的儿童读物，通常来说人的耳朵比眼睛能读懂更深更难的内容，在我家，通过我和月饼爸爸的朗读，把儿童百科全书和他平时接触的进行融合，他的认知水平提升速度就很快。

从功利的角度来说，你也要为孩子朗读，因为朗读对于孩子学业成就影响极大。国际经济合作与开发组织主办的国际学生评估项目（PISA），对四年级学生的一次调查表明：父母经常给朗读的学生的成绩比平均成绩高出35%，后期的调查也表明，父母朗读得越多，孩子在15岁时学业成绩越好，这个结果与父母的阶层和收入完全无关。

另外，针对综合阅读期的孩子来说，朗读也相当重要，但最好是让孩子成为朗读者，父母或家里的其他长辈作为听众，并且孩子的声音越大越好。

这个时期的孩子，是从学习阅读走向从阅读中学习的过渡转型期，开始要阅读的文本难度逐步提高，会出现一种现象——每个字都认识，合在一起什么意思就不懂了。

默读时，可能意识不到到底有没有看懂，也就直接翻过去了。当默读变成朗读时，这情况就得到极大的改善。如果没看懂，朗读就会磕磕绊绊，就意识到理解上出了问题；当意识到自己没看懂时，会自我调整，比如重读（书读万遍其意自现），重读是理解内容的一个重要方法，出声朗读最大限度地激活了大脑中视觉和听觉两条语言理解通道，足以解决简单的理解问题。

朗读，还能提升文学鉴赏能力。学生时代写作业时，相信你也被语文老师要求过写完的作业要自己读几遍，看看通不通顺。看，朗读的魅力，它还是检验作文质量最快捷的手段，默读时感觉不到的用词不当、语法不通、逻辑错乱，但大声一读，不用别人说，自己都能够听得出来，包括我在写这本书的时候，不断改稿的过程，也是通过朗读来进行细微修改的。

特别是有些优秀的文学作品，比如诗词歌赋、小说、散文中抒情的篇幅，默读感受不出它的好，但朗读就能让人感受直击心灵的震撼，这是因为只有听到的东西才能够更加深刻地理解，诠释诗词歌赋中的韵律美和抒情文字的感情宣泄，当然在朗读的时候会情不自禁地投入，比默读时会拥有更多的情感和专注，对文字也会有更深的感悟。

朗读是培养低龄段孩子阅读兴趣的利器，是提升所有年龄段孩子阅读理解力的有效途径，这就是朗读的力量。

　　"大语文"时代，孩子的阅读必不可少，怎么有效阅读，让孩子成为阅读高手呢？在晶晶老师的书里，你会找到答案，书中涵盖了0~12岁孩子成为阅读高手的方法，家长一看就懂，一学就会。让孩子真地做到：爱读书，会读书。

魏华（儿童学习力专家、家庭教育畅销书作家、

实战派家庭教育专家）

　　如何让孩子爱上阅读，脱颖而出成为"阅读高手"，这需要家长对孩子进行科学引导！特别推荐晶晶老师的这本书，有了专业老师的指导，培养孩子成为阅读高手就更胸有成竹啦！

何小英（畅销书作家、"清华状元好习惯"

创始人）

　　阅读在当代已经是孩子学习无法回避的问题，无论是升学考试、个人能力提升还是个人修养，都离不开阅读。但是很多孩子却不知道如何读，父母也不知道孩子读完之后掌握了什么。晶晶老师这本书恰如一盏明灯，帮助孩子热爱上阅读，享受阅读，同

时也帮助父母学会陪伴孩子阅读。

苏晓航（畅销书《不用督促的学习：

如何唤醒孩子的自主学习力》作者、

青少年成才顾问）

一个人的阅读史亦是他的成长史，书带给人最丰富的滋养。让孩子从小爱上阅读、成为阅读高手，晶晶老师的这本书轻松易读、实用有料，是父母送给孩子的最好礼物。

张爱红（《好妈妈一定有办法》作者）

如何让孩子爱上阅读？晶晶老师的这本书给出了答案，本书从"道"到"术"，从底层的科学道理到具体实操的方法，娓娓道来，就像是你身边的知己好友，帮你订制一份独属于自家宝贝的阅读养成术。

张萍Apple老师（《给孩子的思维导图课》作者）

书中提到了培养阅读高手必须了解的常识，以及培养孩子阅读面临的挑战，分年龄段地告诉父母，如何培养孩子的阅读兴趣，如何养成孩子的阅读习惯，是一本非常值得阅读的书。

剑飞（语音写作APP创始人、《时间记录》作者）

我家的女儿从小阅读广泛，她曾说，无法想象一天没有书读的日子。我靠的就是言传身教和激发孩子的兴趣，但对阅读没有系统的研究。读了晶晶老师的这本书，让我全面、系统、深刻地了解了成为阅读高手必备的常识，各个年龄段的特点以及如何因势利导等。

花满蹊（《教练式育儿：每个孩子都是一个天才》作者）

用阅读点亮孩子的童年，帮孩子打开更广阔的世界，早已成为很多父母的共识。可如何做好孩子的阅读启蒙、培养孩子良好的阅读习惯呢？这本书从孩子的阅读能力出发，分年龄段阐述了选书、亲子共读、引导自主阅读的方法，非常实用！如果你是一位重视阅读的家长，看看这本书，培养你家的阅读小达人吧！

杜小艾（畅销书《亲子关系》作者）

本书不仅仅讲到了阅读的习惯，也涉及阅读的方法，关于孩子阅读的所有问题，你都能从这本书里找到答案！

一芳（一芳英语品牌创始人、
《如何提升孩子的学习力》作者）

小学时，多带孩子去书店，多买书，不限领域地买，找到孩子喜欢的方向。关键是让孩子成为阅读高手，以后能从各路专家那里汲取营养。在阅读中，孩子可能会遇到各种问题，晶晶老师的这本书，能帮你答疑解惑。

写书哥（微博知名教育博主）

阅读是一种非常高效的信息输入途径。晶晶是一个花了心思研究如何让孩子成为阅读高手的妈妈，在这本书中作者把她教妈妈如何培养孩子高效阅读能力的经验和心得都分享了出来，相信对关注这个主题的妈妈会有所启发。

吴琼（《觉醒的妈妈有力量：绽放自己，滋养孩子》
《孩子一学就会的黄金口才课》作者）

这本书精细地解释了培养孩子的阅读能力包含的科学道理：阅读能力是一个人的视觉、语言、注意力、记忆力以及感觉脑和运动脑等各个脑区通力合作才能完成的脑力活动；没有阅读能力，则预示了这个人对世界的认知是极其有限的，甚至会影响这个人日后能否顺利完成一些普通的工作。

周斌（上海交通大学安泰经济与管理学院教授）